WISSEN FÜR KINDER

INSEKTEN

OMNIBUS

Der OMNIBUS Taschenbuchverlag gehört zu den
Kinder- & und Jugendbuch-Verlagen in der
Verlagsgruppe Random House
München · Berlin · Frankfurt · Wien · Zürich
www.omnibus-verlag.de

Band 21054

Deutsche Erstausgabe Januar 2002
Gesetzt nach den Regeln der Rechtschreibreform
© 2002 C. Bertelsmann Jugendbuch Verlag, München,
in der Verlagsgruppe Random House GmbH
Alle deutschsprachigen Rechte vorbehalten
Die englische Originalausgabe erschien 2000
unter dem Titel »Marshall Mini – Bugs«
A Marshall Edition
© 2000 Marshall Editions Developments Ltd.
All rights reserved
Originaltext von: Steve Setford
Übersetzer: Jens-Uwe Voss
Projektbetreuung, Umschlaggestaltung und Satz:
Atelier Langenfass, Ismaning
Redaktion: Textpraxis, Dagmar Reichardt
st · Herstellung: WM
ISBN 3-570-21054-5
Printed in Hongkong
10 9 8 7 6 5 4 3 2 1

INSEKTEN

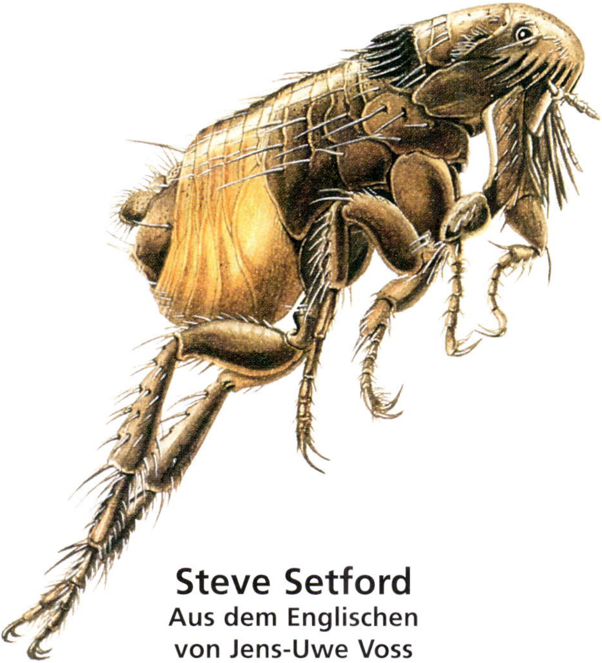

Steve Setford
Aus dem Englischen
von Jens-Uwe Voss

OMNIBUS

Inhalt

**Honigbienen pflegen die Waben
im Bienenstock.**

Die Welt der Insekten

Monarchfalter saugen Nektar. Diese Art kommt in Amerika und auf den Kanarischen Inseln vor.

Was krabbelt da?

Die meisten Menschen halten alles, was krabbelt, für ein Insekt. In diesem Buch geht es außer um die Insekten im eigentlichen Sinn auch um Spinnentiere. Beide gehören zur Tiergruppe der Gliederfüßer.

Assel

Krebs

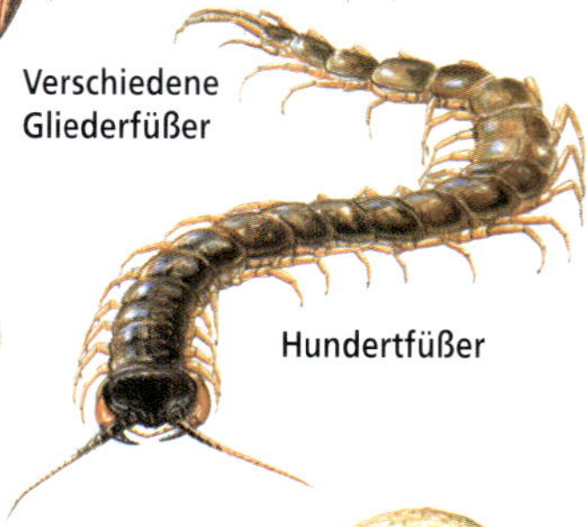

Verschiedene Gliederfüßer

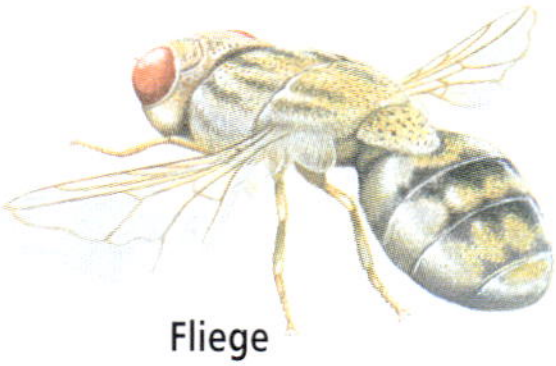

Fliege

Hundertfüßer

Gliederfüßer

Gliederfüßer sind Wirbellose, das heißt, sie haben keine Wirbelsäule. Zu ihnen gehören außer Insekten und Spinnen auch Krebse, Asseln, Hundert- und Tausendfüßer. Ihr Körper besitzt eine feste äußere Hülle aus steifen Platten, die durch biegsame Gelenke miteinander verbunden sind. Dieses so genannte Außenskelett schützt die Muskeln und inneren Organe. Seine Oberfläche ist mit Wachs bedeckt, sodass es wasserfest ist.

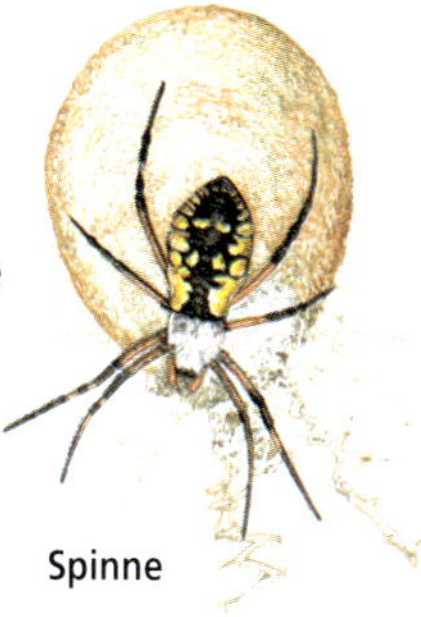

Spinne

Die ersten Insekten

Die ersten Insekten erschienen vor
300 Millionen Jahren auf der Erde.
Es waren die ersten Tiere, die fliegen
konnten. Diese Arten sind zwar fast
alle ausgestorben, Fossilfunde zeigen
aber, dass sie den heutigen Schaben
und Libellen ähnelten. Manche
Insekten wurden zu Fossilien, als sie
in Schlamm fielen, der später ver-
steinerte. Andere klebten im Harz
fest, das aus Baumstämmen tropfte
und zu hartem Bernstein wurde.

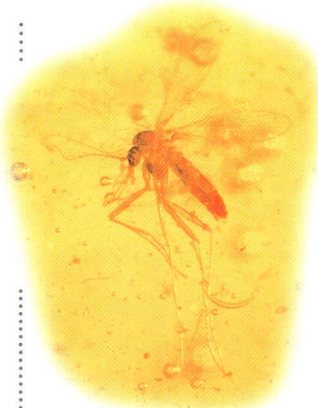

**Mücken-Fossil in Bernstein,
etwa 250 Millionen Jahre alt.**

Andere Wirbellose

Viele wirbellose Tiere, die keine
Gliederfüßer sind, leben im
Meer, etwa Tintenfische,
Schwämme, Korallen und Quallen. Andere wie
Schnecken und Regenwürmer leben an Land.
Schnecken bilden Schleim, der sie vor dem
Austrocknen schützt und auf dem sie
dahingleiten. Regenwürmer wühlen
ihr Leben lang in der Erde.

Schnecke

Nacktschnecke

Regenwurm

Insekten

Ein Gliederfüßer mit sechs Beinen und einem Körper aus drei Teilen – Kopf, Brust, Hinterleib – ist ein Insekt. Man kennt über eine Million Arten von Insekten, die in allen möglichen Lebensräumen vorkommen.

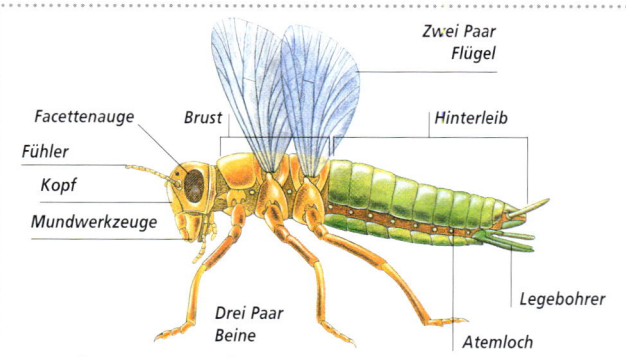

Zwei Paar Flügel

Facettenauge

Brust

Hinterleib

Fühler

Kopf

Mundwerkzeuge

Legebohrer

Drei Paar Beine

Atemloch

Bauplan von Insekten

Die Brust eines Insekts hat drei Paar Beine und meist zwei Paar Flügel (Insekten sind die einzigen Wirbellosen, die fliegen können). Im Hinterleib liegen Herz, Verdauungs- und Geschlechtsorgane. Der Kopf trägt Augen und Fühler sowie die Mundwerkzeuge, die je nach Art der Nahrung verschieden geformt sind. Schwamm- oder röhrenartige Mundwerkzeuge wischen oder saugen flüssige Nahrung auf, kräftige Kiefer hingegen zerteilen die Beute.

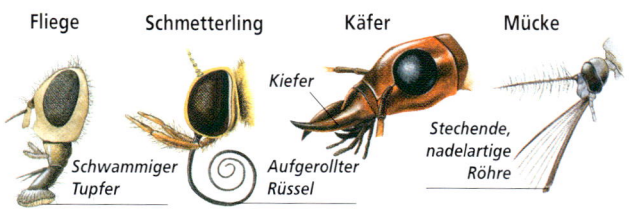

Fliege

Schmetterling

Käfer

Mücke

Kiefer

Schwammiger Tupfer

Aufgerollter Rüssel

Stechende, nadelartige Röhre

Häutung

Eine Raupe windet sich aus ihrer alten Haut.

Um sich zum erwachsenen Tier entwickeln zu können, muss sich ein junges Insekt mehrmals häuten, also sein hartes Außenskelett loswerden. Das neue Skelett bildet sich unter dem alten, und wenn es so weit ist, spaltet das Insekt das alte auf und windet sich heraus. Manche jungen Insekten, etwa Raupen, haben ein weiches Außenskelett: Sie häuten sich mehrmals, bevor sie als erwachsener Schmetterling ein festes Außenskelett bekommen.

Bestäubung

Um Saat bilden zu können, muss eine Blüte mit winzigen Pollenkörnern einer anderen Blüte bestäubt werden. Insekten wie Bienen und Schmetterlinge suchen in den Blüten nach Pollen und Nektar als Futter und übertragen dabei den Pollen, der auf ihrem Körper kleben bleibt.

Pollenkörner bleiben am Pelz der Biene hängen

Die Biene saugt Nektar aus der Blüte

Bienen sammeln Pollen in Körbchen

11

Spinnentiere

Spinnentiere, etwa Spinnen, Skorpione und Milben, sind Gliederfüßer mit vier Laufbeinpaaren. Es gibt mindestens 70 000 Arten Spinnentiere, von denen die meisten an Land leben.

Bauplan von Spinnentieren

Kopf und Brust sind zur Kopfbrust verschmolzen, die durch eine dünne Taille mit dem Hinterleib verbunden ist. Vorn am Kopf liegen Kiefer und Mund. Viele Spinnentiere haben Giftdrüsen und können Giftbisse oder -stiche austeilen. Die Pedipalpen sind Sinnesorgane, die die Männchen auch zum Paaren und Beutefangen benutzen.

Spinnenkopf

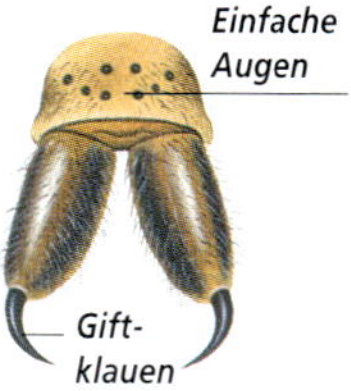

Einfache Augen

Gift-klauen

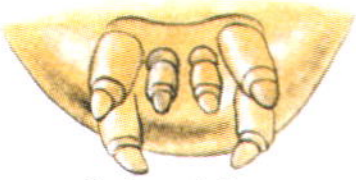

Spinndrüsen

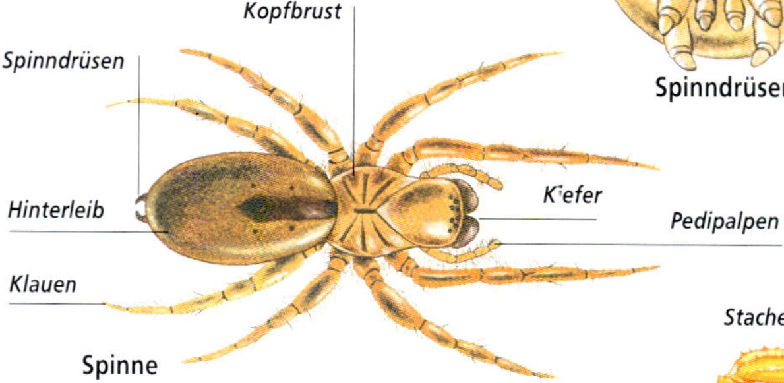

Kopfbrust

Spinndrüsen

Hinterleib

Kiefer

Pedipalpen

Klauen

Spinne

Stachel

Kiefer | Kopf | Hinterleib

Pedipalpen

Skorpion

Vier Beinpaare

Zuerst verankern ein paar Fäden das übrige Gerüst

Netz einer Kreuzspinne

Ein Netz bauen

Manche Spinnen, etwa Kreuzspinnen, weben Radnetze. Die Spinnwebe wird in Drüsen am Ende des Hinterleibs gebildet, wo sie aus den so genannten Spinndrüsen austritt. Mit einer Art von Seide, die zu einem festen Faden aushärtet, webt die Spinne einen Rahmen, den sie an Pflanzen oder einem anderen Halt in der Nähe befestigt. Dann fertigt sie eine Spirale aus klebrigen Fäden, in denen sich die Beute verfängt.

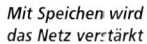

Mit Speichen wird das Netz verstärkt

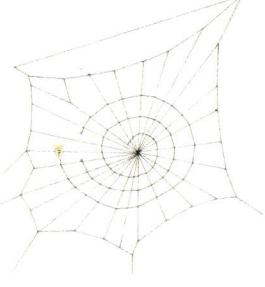

Von der Mitte her spinnt die Spinne eine klebrige Spirale

Im Netz lauern

Ist das Netz fertig, lauert die Spinne mittendrin oder in einem Versteck nahebei. Über einen Signalfaden spürt sie die Bewegungen der zappelnden Beute, die sich im Netz verfangen hat. Dann stürzt die Spinne herbei, beißt ihr Opfer und spinnt es ein, sodass es nicht fliehen kann. Nun kann sie die Beute in Ruhe verzehren.

Kreuzspinne mit Beute, die in Fäden eingesponnen wurde.

Sehen und fühlen

Insekten haben Fühler und winzige Sinneshaare, um Gerüche, Geschmack, Erschütterungen und Geräusche wahrzunehmen. Die meisten Insekten haben Augen, die sie unterstützend nutzen.

Wespenkopf

Eine Wespe hat ein Paar große Facettenaugen, die an den Wangen weit hinabreichen und ein großes Sehfeld überblicken. Dazu kommen drei einfache Augen auf dem Kopf. Die Fühler nehmen Gerüche wahr und die winzigen Sinneshaare Geräusche.

Die Fühler nehmen Gerüche in der Luft wahr

Kleine, einfache Augen sehen Helle und Dunkelheit

Facettenaugen mit vielen einzelnen Linsen können selbst feinste Bewegungen wahrnehmen

Kopf an Kopf

Ameisen verständigen sich wie viele andere Insekten durch chemische Signale. Diese können sie weitergeben, indem sie sich mit den Fühlern berühren.

Ameisenunterhaltung

Achtung Fledermäuse!

Fledermäuse fangen Insekten, indem sie kurze hohe Schreie ausstoßen und sich dann nach dem Echo richten, das von der Beute kommt. Nachtfalter haben »Ohren« am Hinterleib, mit denen sie diese Schreie hören können. Jagt eine Fledermaus heran, klappt der Falter seine Flügel zusammen, lässt sich fallen und entkommt.

Jagende Fledermaus

Fühlerarten

Mit Hilfe der Fühler erfährt ein Insekt Näheres über seine Umgebung. Fühler reagieren auf Berührung und Erschütterungen, aber auch auf Gerüche. Manche Fühler haben viele Seitenäste, was die Oberfläche vergrößert, auf der die Sinneszellen und Härchen sitzen. Spinnentiere haben keine Fühler, sie verlassen sich vor allem auf die Sinneshaare am Körper.

Fühler eines Mücken-weibchens

Fühler eines Maikäfers

Fühler eines Nachtfaltermännchens

Beine und Fortbewegung

Insekten haben gegliederte Beine zum Springen, Laufen, Rennen und zu vielem mehr: Grillen zum Beispiel haben Ohren am Knie, und Grashüpfermännchen »singen« den Weibchen mit Hilfe ihrer Beine etwas vor.

Honigbiene

Beinarten

Schabe

Wasserkäfer

Maulwurfsgrille

Insektenbeine sind je nach Verwendung verschieden gebaut. Eine Schabe hat lange, dünne Beine zum Laufen, eine Maulwurfsgrille dicke, muskulöse Beine zum Graben. Wasserkäfer bewegen sich mit härchenbesetzten, ruderförmigen Beinen durchs Wasser, wohingegen die Haare an den Beinen der Biene zum Pollensammeln dienen.

Beine zum Greifen

Viele Insekten haben Greifbeine, mit denen sie das andere Geschlecht zur Paarung oder Beute beim Fressen festhalten oder aber Rivalen abwehren. Die Vorderbeine einer Gottesanbeterin sind sehr muskulös, sodass die zappelnde Beute beim Fressen fest umklammert werden kann.

Spitze Dornen spießen die Beute auf

Gottesanbeterin

Springbeine

Ein Katzenfloh kann 200-mal so hoch springen, wie er selbst groß ist. Dieses Kunststück ermöglichen zwei gummiartige Polster am Ansatz der Hinterbeine. Ein Sperrmechanismus hält die Polster unter Spannung wie ein Paar Spiralfedern. Wird die Sperre gelöst, dehnen sich die Polster aus und der Floh schnellt in die Luft.

Katzenfloh

Hakenartige Klauen zum Festkrallen an der Haut des Wirts

Kräftige Hinterbeine

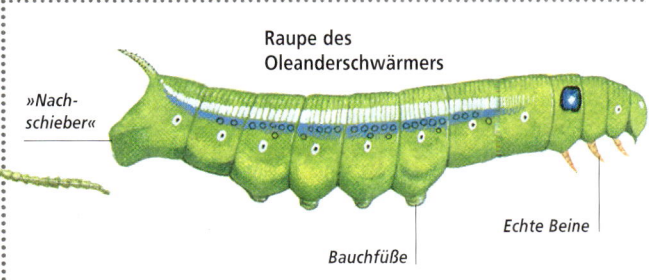

Raupe des Oleanderschwärmers

»Nach-schieber«

Echte Beine

Bauchfüße

Falsche Beine

Wie andere Insekten haben auch Raupen drei Beinpaare am Brustteil. Außerdem haben sie noch fünf Paare falscher Beine am Hinterleib: vier Paare muskulöser Fortsätze, so genannter Bauchfüße, mit Häkchen an der Spitze, und ein Paar saugnapfartiger »Nachschieber« am Körperende. Bauchfüße und Nachschieber sind eine Hilfe beim Festhalten an Blättern und Stängeln.

Fliegende Insekten

Spinnentiere können nicht fliegen, wohl aber Insekten. So können sie Feinden entkommen und auf der Suche nach Nahrung oder zur Paarung weit herumkommen.

Beim Abflug werden die Flügeldecken nach vorne abgespreizt

Große, durchscheinende Flügel machen den Marienkäfer verblüffend schnell

Marienkäfer

Flügeldecken

Die Vorderflügel von Käfern wie etwa Marienkäfern sind zu harten, schützenden Flügeldecken umgewandelt. Zum Fliegen benutzen Käfer nur die Hinterflügel, die vor dem Start zusammengefaltet unter den Flügeldecken ruhen.

Linien-schwärmer

Schmetterlingsflügel

Vorder- und Hinterflügel von Schmetterlingen sind so miteinander verhakt, dass sie gemeinsam schlagen. Die Flügel der Schwärmer schwirren so schnell, dass sie auf der Stelle schweben können, während sie Nektar saugen.

Flugkünstler

Libellen schlagen im schnellen Geradeausflug mit allen vier Flügeln im Gleichklang. Aber indem sie die Vorder- und Hinterflügel unabhängig voneinander bewegen, können sie verblüffende Flugmanöver vollbringen, etwa plötzlich die Richtung ändern, auf der Stelle schweben, mitten im Flug anhalten und sogar rückwärts fliegen.

Ein Netzwerk von Adern verstärkt die Flügel

Königs-libelle

Muskeln in der Brust bewegen die Flügel auf und ab

Schwingkölbchen

Bei Fliegen und Mücken sind die Hinterflügel zu einem Paar keulenförmiger Gebilde umgewandelt, den so genannten Schwingkölbchen. Diese schwingen im Gegentakt zu den Hauptflügeln und sind unverzichtbar, um im Flug das Gleichgewicht zu halten und um die Richtung zu ändern.

Seitliche Schwingkölbchen

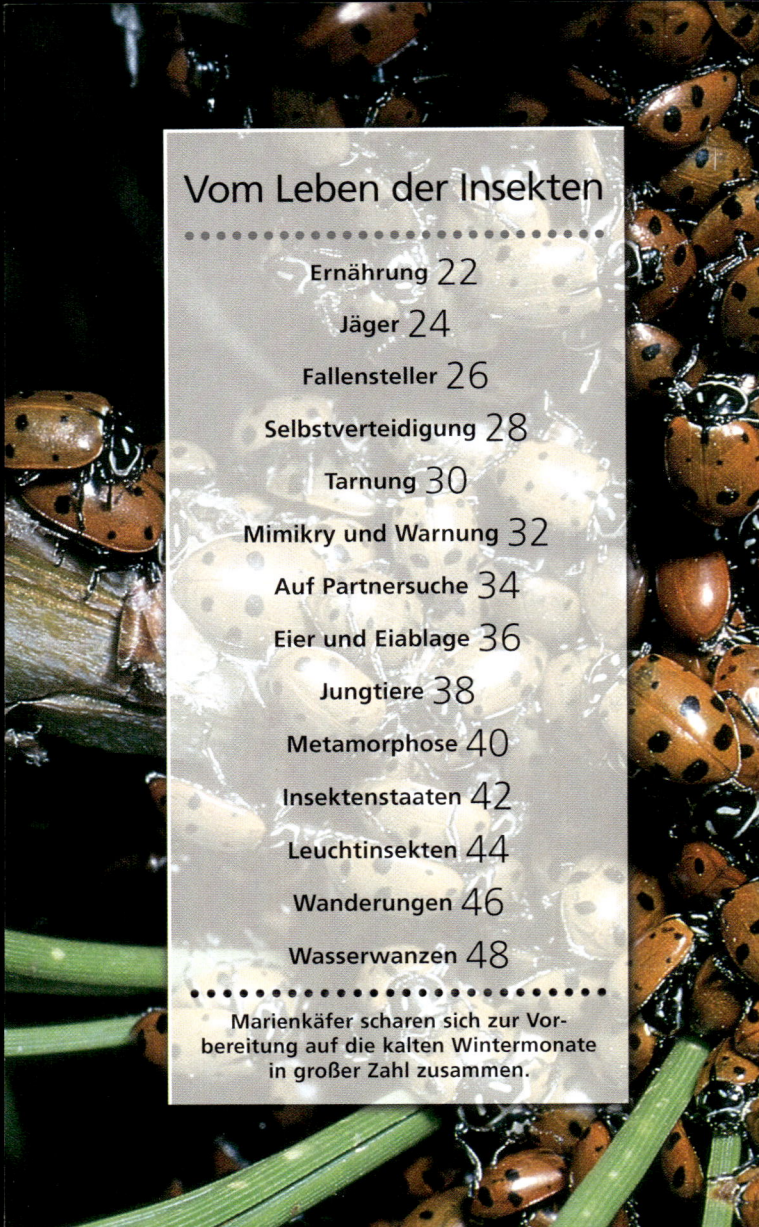

Vom Leben der Insekten

Marienkäfer scharen sich zur Vorbereitung auf die kalten Wintermonate in großer Zahl zusammen.

Ernährung

Manche Insekten ernähren sich von Pflanzen, andere saugen ihre Nahrung wie mit einem Strohhalm auf. Viele Insekten fressen Fleisch, entweder Aas (Tierleichen) oder lebendige Beute.

Futterverflüssiger

Obwohl viele Fliegen an feste Nahrung gehen, müssen sie diese vor dem Fressen erst verflüssigen. Dazu geben sie Speichel ab, der die Nahrung teilweise auflöst. Den entstandenen Brei tupfen sie mit einer Art Schwamm an der Spitze der Mundwerkzeuge auf.

Ein schwammiger Tupfer saugt die Flüssigkeit auf

Vorderbeine mit Geschmacksknospen

Nektarsauger

Der Rüssel oder Proboscis von Schmetterlingen liegt eingerollt unten am Kopf. Zum Fressen wird er ausgerollt und in eine Blüte getaucht, um den süßen Nektar aufzusaugen – genauso wie wir mit einem Strohhalm trinken.

Taubenschwänzchen

Der Rüssel taucht tief in die Blüte ein

Schmeißfliege

Blutsauger

Manche Insekten ernähren sich von Blut, weil Blut sehr nahrhaft ist. Eine Mücke sticht die Haut von einem Tier mit einer nadelfeinen Röhre an und saugt dann das Blut auf. Ihr Speichel, den sie in die Wunde pumpt, verhindert, dass das Blut gerinnt. Nur Mückenweibchen stechen – die Männchen saugen Nektar.

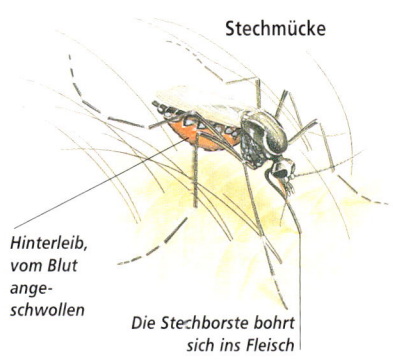

Stechmücke

Hinterleib, vom Blut ange-schwollen

Die Stechborste bohrt sich ins Fleisch

Blattkauer

Raupen haben kräftige Kiefer mit in-einander greifenden Zähnen, mit denen sie Pflanzen zerkauen. Bei manchen Raupen sind aus den Kiefern flache Platten zum Zermahlen von Blättern geworden. Verwandelt sich die Raupe in einen Schmetterling, wird aus diesen Mundwerkzeugen ein langer Rüssel.

Eine Raupe nagt am Blatt.

Jäger

Viele Fleisch fressende Insekten sind wilde Jäger, die ihr Opfer aufspüren und mit Giftstichen oder -bissen töten oder es mit messerscharfen Kiefern in Stücke reißen.

Sandwespe

Ein Sandwespenweibchen benutzt seinen Stachel nicht, um die Beute zu töten, sondern um sie zu lähmen. Dann trägt es die Beute in seinen Bau und legt ein Ei auf ihr ab. Ist die Made geschlüpft, ernährt sie sich vom Fleisch des gelähmten Opfers.

Der Stachel ist eine umgewandelte Legeröhre, daher können nur Weibchen stechen

Sandwespe mit Raupe als Beute.

Skorpion

Ein Skorpion jagt bei Nacht Spinnen und Insekten.
Er packt seine Beute mit einem Paar langer
Zangen, den so genannten Pedipalpen.
Große oder zappelnde Beute wird vor
dem Fressen durch einen Stich
gelähmt oder getötet. Ein
Skorpion spürt seine Beute
meist mit den feinen
Haaren am Körper auf,
die Berührungen
wahrnehmen.

*Der »Schwanz«
wird zum Stich
vornüber
gekrümmt*

*Mit dem Stachel
am »Schwanz-
ende« wird Gift
eingespritzt*

Wüstenskorpion
mit Heuschrecke.

Gottesanbeterin

Mächtige Kiefer und blitzschnelle
Bewegungen machen die Gottesanbeterin zu einem der gefähr-
lichsten Jäger unter den Insekten.
Das Tier verharrt bewegungslos,
auf nichts ahnende Beute lauernd,
die in Reichweite der kräftigen
Vorderbeine kommt.

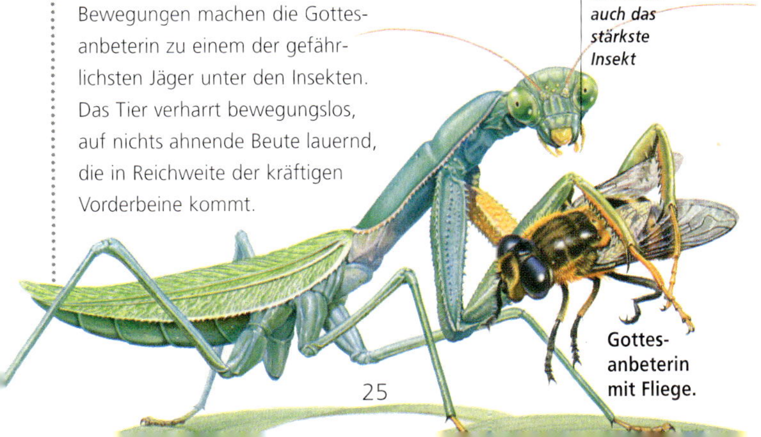

*Die Kiefer
einer Gottes-
anbeterin
zerbeißen
auch das
stärkste
Insekt*

Gottes-
anbeterin
mit Fliege.

25

Fallensteller

Manche jagenden Insekten suchen nach Beute, wobei sie sich auf ihre Schnelligkeit und Kraft verlassen, um ihre Opfer zu erwischen. Andere verwenden Fallen, Tricks und Köder, mit denen sie ihre Beute überraschen, und nutzen die Schrecksekunde zum Zupacken.

Eine Ameise rutscht in die Falle.

Ameisenlöwe

Die Larve des Ameisenlöwen ist ein wilder Räuber mit spitzen Kiefern. Sie baut als Falle für die Beute eine Grube im Sand, in der sie halb vergraben am Grund lauert. Vorbeikommende Insekten, vor allem Ameisen, werden mit Sand beworfen, sodass sie in die Grube fallen – genau vor die wartenden Kiefer der Larve!

Raubwanze

Manche Raubwanzen locken Beute mit Düften an, die sie von Pflanzen aufnehmen. Sie spritzen dem Opfer Speichel ein, der es tötet und sein Inneres auflöst, sodass es die Wanze aussaugen kann. Raubwanzen stehlen manchmal auch Beute aus Spinnennetzen.

Eine Wanze ersticht mit dem Rüssel ihre Beute

Falltürspinne

Eine Falltürspinne überfällt ihr Opfer aus dem
Hinterhalt. Ihr Bau hat oberseits eine kippbare Tür.
Darunter lauert die Spinne, bis sie über ihrem Kopf die
Bewegung einer Beute spürt. Dann reißt sie die Tür
auf, packt die Beute und schleppt sie in ihren Bau.

*Tür mit
Scharnieren aus
Spinnfäden*

*Mit besonderen
Dornen an den
Kiefern wird der
Bau gegraben*

*Die Spinne
hält den
Kescher mit
den vier
vorderen
Beinen*

Kescherspinne

Diese Spinne, auch Ogerspinne
genannt, hängt an einem Geflecht
trockener Spinnfäden. Sie hält ein
rechteckiges, klebriges Netz, das sie
wie einen Kescher nach Beute auswirft.
Nähert sich ein Beutetier, zieht die
Spinne das Netz auseinander, wirft es
der Beute über, wickelt sie ein und
nimmt sie mit, um sie zu fressen.

Selbstver-
teidigung

Zwar sind viele Insekten Raubtiere, doch werden sie selbst auch gejagt und gefressen, sogar von Artgenossen. Daher verfügen Insekten über eine breite Palette von Methoden zur Selbstverteidigung vom Stechen und Beißen über Giftsprühen bis hin zum Totstellen.

Mit hörbarem Puffen wird die Giftwolke ausgesprüht

Bombardierkäfer

Manche Käfer setzen giftige Chemikalien ein, um Feinde abzuwehren. Wird ein Angreifer nicht von den grellen Warnfarben des Bombardierkäfers abgeschreckt, schwenkt dieser den Hinterleib herum und sprüht dem Angreifer eine Ladung kochend heißer Chemikalien ins Gesicht.

Mächtige Kiefer als wirksame Waffe

Wanderameise

Manchmal ist Angriff die beste Verteidigung. Zu den beeindruckendsten Verteidigungseinrichtungen gehören die Kiefer der Wanderameisen. Auf ihren Wanderungen greifen sie jeden Störenfried an und beißen ihn zu Tode.

Nur Männchen haben diesen langen Hals, doch niemand weiß warum

Giraffenrüssler

Dieses seltsam aussehende Insekt verdankt seinen Namen dem überaus langen Hals. Es hat einen genialen Weg gefunden, nicht gefressen zu werden: Wird es angegriffen, dreht es sich um und stellt sich tot, bis die Gefahr vorüber ist. Viele Fleischfresser nehmen nur frisches Fleisch und wenden sich dann von ihm ab.

Trichternetz-Vogelspinnen

Manchmal reichen Drohgebärden, um Angreifer abzuschrecken. Im Freien gestellt, nimmt die Vogelspinne eine angriffslustige Haltung ein, wobei sie die Vorderbeine hebt und ihre Furcht erregenden Giftklauen zeigt. Andere Insekten, etwa die grillenartigen Wetas, schrecken Feinde mit Alarmlauten ab.

Vogelspinnengift kann einen Menschen töten

Tarnung

Insekten sind für alle möglichen Tiere wahre Leckerbissen. Ein Weg, nicht gefressen zu werden, besteht darin, sich unsichtbar zu machen, indem Form und Färbung perfekt dem Untergrund angepasst sind. Das nennt man Tarnung.

Manchmal bewegt sich das Tier wie ein dünner Zweig im Wind sanft schaukelnd hin und her

Stabschrecke

Der schlanke Körper dieses Insekts ist von einem kahlen Zweig nicht zu unterscheiden. Tagsüber hängt das Tier reglos an einer Pflanze und entgeht dank seiner Tarnung der Aufmerksamkeit von Vögeln. Nachts klettert es und frisst Blätter.

Wandelndes Blatt

Wenn dieses Insekt auf einem Strauch sitzt, ist es dank seiner blattartigen Flügel mit der Blattrippenzeichnung fast unsichtbar. Selbst die Eier ähneln den Samen der Pflanze, auf der das Tier lebt. Außerdem kann das Wandelnde Blatt seine Farbe ändern: Nachts wird es dunkler und tagsüber heller.

Abgeflachte Beine tragen dazu bei, die Umrisse zu verwischen

Der »Dorn« auf dem Rücken bedeckt praktisch die Flügel

Die Tiere sammeln sich in großen Gruppen

Dornzikade

Auch dicht gedrängt an einem Zweig fallen Dornzikaden hungrigen Vögeln nicht auf. Mit dem seltsamen Fortsatz auf dem Rücken sieht so ein Tier nämlich genau wie ein Dorn aus. Es ernährt sich von Pflanzen- und Baumsaft.

Flechtenspinne

Diese Spinne sitzt kopfüber an flechten-bedeckten Baumstämmen. Droht Gefahr, drückt sie sich eng an die Rinde, auf der sie dank ihrer Fleckenzeichnung und der Haar-büschel an den Beinen getarnt ist. Die Haare sorgen dafür, dass die Spinnenbeine keine verräterischen Schatten werfen.

Flechten-ähnliche Färbung

Mimikry und Warnung

Zum Schutz vor Räubern ähneln Nachahmer in Form, Färbung und Verhalten gefährlichen Tieren (Mimikry). Andere Insekten tragen Warnfarben zur Schau, die Angreifern vortäuschen, sie seien giftig.

Die Flecken ähneln stierenden Augen

Mondspinner

Der Mondspinner täuscht Vögel mit augenähnlichen Flecken. Sieht ein Räuber diese auffälligen »Augen« auf den Flügeln, hält er sie für die Augen eines Feindes und schreckt zurück. Zusätzlichen Schutz geben die lang ausgezogenen Flügelenden: Sie brechen ab, wenn der Falter gepackt wird, und geben ihm Zeit zu entkommen.

Sattelraupe

Eine plumpe, langsame Raupe ist für einen vorbeikommenden Vogel eine verlockende Mahlzeit. Anstatt sich zu tarnen, macht diese Raupe mit einem farbenprächtigen Muster auf dem Rücken so richtig auf sich aufmerksam. Damit warnt sie Vögel, dass sie giftig ist und man sie am besten in Ruhe lässt.

Büschel kurzer, giftiger Borsten stechen Angreifer

Weiß ist eine Warnfarbe

*Farben-
prächtige
Fühler*

*Einem
Fraßfeind
signalisieren die
gelben Streifen:
»Dieser Käfer
schmeckt
scheußlich«*

Giftiger Ölkäfer

Die Flügeldecken dieses Käfers scheiden
ein übel riechendes Öl aus, das vor Feinden
schützt. Es enthält Kantharidin, einen Stoff,
der Blasen verursacht. Das sehr giftige
Kantharidin kann aus dem Öl gewonnen
werden, es wurde früher oft in der Medizin
verwendet.

Schwebfliege

Mögliche Feinde verwechseln diese gelb-schwarz
gestreifte Fliege oft mit angriffslustigen Wespen und
drehen ab, um nicht mit dem Giftstachel Bekannt-
schaft zu machen. Tatsächlich sind Schwebfliegen
harmlos, ahmen aber Färbung und Gestalt von
Wespen nach. Es sind gewandte Flieger, die ohne
weiteres auf der Stelle stehen und sogar
rückwärts fliegen können.

*Schwebfliegen
haben ein Paar
Flügel, Wespen
hingegen zwei*

**Schwebfliegen
ernähren sich von
Blütenpollen**

Auf Partnersuche

Wie andere Tiere auch, paaren sich Insekten, um Nachwuchs zu bekommen. Sie locken sich mit Düften, Geräuschen, Licht oder Geschenken an.

Glühwürmchen-Käfer

Glühwürmchen suchen und finden sich mit Licht. Die Männchen fliegen durch die Nacht, wobei ihr Hinterleib Lichtblitze aussendet, die Weibchen anlocken. Ein paarungsbereites Weibchen blinkt zurück. Jede Glühwürmchenart hat ihre eigenen Blinkmuster.

Ein Glühwürmchen aus Malaysia blinkt auf einem Ast.

Ein Käfer versucht, den anderen mit den Kiefern zu umklammern

Hirschkäfer

Insektenmännchen kämpfen manchmal miteinander um ein Weibchen. Hirschkäfermännchen setzen dabei ihre großen, geweihartigen Kiefer ein. Meist gewinnt der größere Käfer, indem er seinen Rivalen auf den Rücken dreht. Der Verlierer hat Mühe, wieder auf die Beine zu kommen.

34

Libellen

Bei der Paarung umgreift das Männchen mit der Spitze seines Hinterleibs den Nacken des Weibchens. Dann biegt das Weibchen seinen eigenen Hinterleib hoch, sodass ein herzförmiges Paarungsrad entsteht, und befruchtet die Eier mit Samen von der Unterseite des Hinterleibs vom Männchen.

Die Paarung findet entweder im Sitzen oder im Flug statt

Männchen

Weibchen

Weibchen nimmt Samen auf

Spinnen

Ein Spinnenweibchen lockt ein Männchen mit Duftstoffen an, die man Pheromone nennt. Um nicht mit Beute verwechselt und gefressen zu werden, zupft das Männchen am Nest, führt einen Tanz auf, bringt Futter als Geschenk mit oder fesselt das Weibchen.

Männliche (links) und weibliche Kreuzspinne (rechts) paaren sich im Netz.

Eier und Eiablage

Nach der Paarung legen die Insekten Eier ab. Um sich vor Räubern zu schützen, entwickelt sich ein junges Insekt im Ei so weit, bis es bereit ist zu schlüpfen.

Libellen

Viele Insekten, darunter auch Libellen, legen ihre Eier im oder am Wasser ab. Kurz nach der Paarung setzt sich das Libellenweibchen auf den Stängel einer Wasserpflanze und legt seine Eier unter der Wasseroberfläche ab. In der Zwischenzeit wacht das fliegende Männchen darüber, dass sie in Ruhe laichen kann.

Das Männchen greift mit seinem Hinterleib das Weibchen

Weibchen

Königin und Arbeiterameise

Holzameise

Ameisen leben in großen, wohl organisierten Gruppen, die man Kolonien nennt. Die meisten Mitglieder sind Arbeiterinnen, die einer Königin dienen. Nur sie paart sich mit den wenigen Männchen der Kolonie und legt Eier, die die Arbeiterinnen in besonderen Nestkammern umsorgen.

Die Arbeiterin nimmt das Ei auf, das die Königin gelegt hat

Männchen

*Legebohrer
oder Ovipositor*

Schlupfwespe

Häufig sorgen die Insekteneltern
dafür, dass ihre Jungen
nach dem Schlüpfen gleich
etwas zu fressen haben. Eine weibliche
Schlupfwespe hört auf die Erschütterungen,
die Käferlarven in Baumstämmen machen.
Dort treibt sie ihren Legebohrer ins Holz und
legt ein Ei am Körper der Larve ab. Die frisch
geschlüpfte Wespe ernährt sich dann von der
saftigen Larve.

*Der Legebohrer
ist länger als
der ganze
Wespenkörper*

Ein Spinnenweibchen trägt den Eikokon zum Schutz mit sich herum.

Spinnenkokons

Spinnen hüllen ihre Eier nach der Eiablage in einen Kokon aus Seide,
den sie an einem Blatt oder anderswo befestigen. Eei manchen Arten
enthält der Kokon nur ein Ei, bei anderen bis zu 3 000. Das Weibchen
bewacht die Eier bis zum Schlüpfen.

Jungtiere

Jungtiere sind klein und verwundbar. Nur recht wenige Insekten kümmern sich um ihre gerade geschlüpften Jungen. Meist müssen sie für sich selbst sorgen und viele kommen bald nach der Geburt um.

Centruroides-Skorpion

Skorpione legen keine Eier, sie gebären lebende Junge. Bei manchen bilden die Weibchen mit ihren Beinen unter dem Körper eine Art »Wiege«, in der die Jungen bei der Geburt aufgefangen werden. Die Neugeborenen klettern die Beine des Weibchens entlang auf den Rücken der Mutter. Dort werden sie einige Wochen herumgetragen, während sie heranwachsen.

Schaummassen verbergen die Larve vor Räubern

Zikadenlarve im »Kuckucksspeichel«.

Schaumzikade

Der so genannte »Kuckucksspeichel«, den man an Pflanzen findet, ist in Wirklichkeit Schaum, den die Larve der Schaumzikade gebildet hat. Schaumzikaden sind weichhäutige, Pflanzen fressende Insekten, die Blattläusen ähneln. Der Schaum schützt die Larve vor dem Austrocknen, vor Parasiten und vor Räubern.

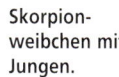

**Skorpion-
weibchen mit
Jungen.**

*Junge Skorpione
sind noch fast
weiß*

Gemeiner Ohrwurm

Das Weibchen des Gemeinen Ohrwurms
legt seine Eier in eine Höhle und bleibt zur
Bewachung in der Nähe. Regelmäßig leckt es
die Eier sauber und trägt verschleppte
zurück ins Nest. Ungewöhnlich für ein
Insekt ist, dass die Jungen nach dem
Schlüpfen umsorgt und gefüttert
werden, bis sie für sich selbst sorgen
können.

**Ohrwurmweibchen
mit Eiern
und Jungen.**

*Das Weibchen
wendet und säubert
öfter die Eier*

Jungspinnen

Viele Jungspinnen haben einen Eizahn,
mit dessen Hilfe sie sich aus dem Ei
befreien. Sie bleiben eine Weile im
Eikokon und ernähren sich vom Eidotter
in ihrem Körper. Wenn sie den Kokon
verlassen, bleiben sie noch ein paar Tage
beisammen, bevor sie sich zerstreuen.

Wolfsspinnenweibchen mit Jungen.

Metamorphose

Insekten durchlaufen mehrere unterschiedliche Stadien, bevor sie zu voll entwickelten erwachsenen Tieren werden. Diesen Vorgang nennt man Metamorphose.

Flügel-
anlagen

Unvollständige Metamorphose

Die Jungtiere mancher Insekten, etwa von Libellen, Termiten, Wanzen und Schaben, nennt man Nymphen. Sie schlüpfen aus Eiern und werden mit jeder Häutung den Erwachsenen ähnlicher. Diese allmähliche Umwandlung vom Jungtier zum Erwachsenen (dem adulten Tier) nennt man unvollständige Metamorphose.

Die lange
Unterlippe
schnellt zum
Packen der
Beute vor

Libellen-
nymphe

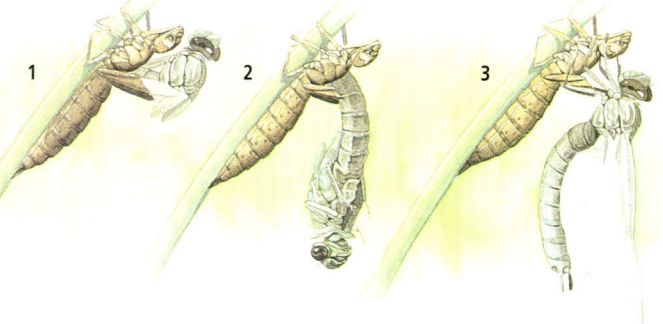

1
2
3

Die Nymphenhaut reißt auf, Kopf und Brust brechen hervor.

Ein weiches adultes Tier windet sich aus der alten Haut.

Vor dem ersten Flug müssen Körper und Flügel aushärten.

Das Ei ist ähnlich grün wie das Blatt und daher gut getarnt

1

Vollständige Metamorphose

Insekten wie etwa Schmetterlinge, Fliegen und Wespen machen eine vollständige Metamorphose mit Totalveränderung durch: Die Larve sieht völlig anders aus als das erwachsene Tier. Sie häutet sich mehrmals und wird dann zur Puppe. In der Puppe wird der Larvenkörper abgebaut und der ganz anders gestaltete Körper des erwachsenen Tiers neu gebildet.

Nach dem Schlüpfen wächst die Raupe schnell heran und häutet sich mehrmals.

2

Gleich nach dem Schlüpfen beginnt die Raupe zu fressen

Aus der Puppe schlüpft ein Schmetterling, der nach einigen Stunden davonfliegt.

Ist sie herangewachsen, wird die Raupe zur Puppe.

3

Puppe im Kokon aus Seide

4

41

Insekten-
staaten

»Schornstein« zum
Lüften und Regulieren
der Temperatur

Manche Insekten, etwa Termiten, Bienen, Ameisen und Wespen, leben in großen Gruppen, die man Kolonien oder Staaten nennt. Meist legt eine einzige Königin alle Eier, während Arbeitstiere die Kolonie umsorgen.

Termitenhügel aus Erde
und Termitenspeichel

Termitenhügel

Unter allen Insektenbauten sind die bis zu 5 Meter hohen Termitenhügel die beeindruckendsten. Ihr Inneres besteht aus einem Gewirr von Tunneln und Kammern. Es gibt Speisekammern, Brutkammern, in denen Eier und Jungtiere behütet werden, und ein Gemach für die Königin, das Oberhaupt der Kolonie.

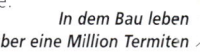

In dem Bau leben
über eine Million Termiten

Arbeiterin

Königin

Drohne
(männlich)

Bienenwabe

Honigbienen bauen ihr Nest aus selbst hergestelltem Wachs. Das Nest besteht aus Lagen sechseckiger Zellen, jede dieser Lagen nennt man eine Wabe. In einigen Zellen reifen Eier, in anderen wird Futter, etwa Pollen und Honig, gelagert.

42

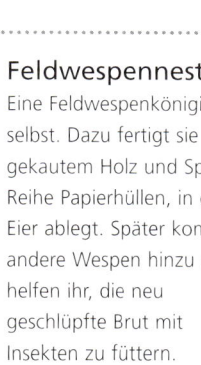

Termiten züchten Pilze als Futter

Feldwespennest

Eine Feldwespenkönigin baut ihr Nest selbst. Dazu fertigt sie aus klein gekautem Holz und Speichel eine Reihe Papierhüllen, in die sie ihre Eier ablegt. Später kommen dann andere Wespen hinzu und helfen ihr, die neu geschlüpfte Brut mit Insekten zu füttern.

Am Nest findet man meist etwa 20 Wespen

Das Nest hat keine äußere Hülle; die Zellen mit Eiern liegen frei

Heranwachsende Larven

Weberameisen

Diese Ameisen bauen ihre Nester in Bäumen. Die Arbeiterinnen kleben zwei Blätter zusammen, indem sie eine Ameisenlarve mit ihren Kiefern halten und dazu anregen, Seidenfäden zu spinnen, mit denen dann die Blattecken »vernäht« werden. Das fertige Nest ist eine Kugel oder Säule aus Blättern.

Weberameisen am Werk.

Leucht-
insekten

Einige Insekten haben die verblüffende Fähigkeit, im Dunkeln zu leuchten. Chemische Reaktionen in ihrem Körper setzen Licht frei, mit dem die Tiere Partner, aber auch Beute anlocken und Feinde verschrecken.

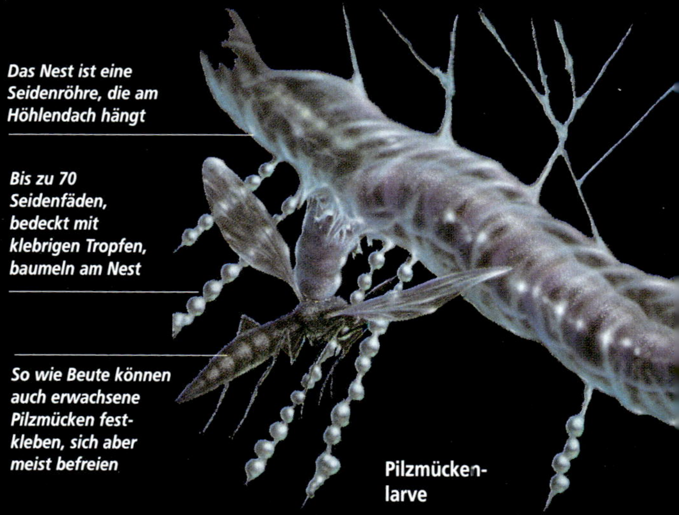

Das Nest ist eine Seidenröhre, die am Höhlendach hängt

Bis zu 70 Seidenfäden, bedeckt mit klebrigen Tropfen, baumeln am Nest

So wie Beute können auch erwachsene Pilzmücken festkleben, sich aber meist befreien

Pilzmücken-larve

Pilzmücke

Die Pilzmücke ist ein fliegenartiges Insekt. Ihre Höhlen bewohnende Larve lebt in einem Röhrennest, das von der Decke herabhängt. Die Spitze des Hinterleibs leuchtet und lockt Beute an, etwa Mücken und Nachtfalter, die zum Licht fliegt und sich in klebrigen Fäden verfängt, die am Nest baumeln.

Zugleuchtkäfer

Die Larven und die Weibchen dieses Käfers erinnern im Aussehen stark an Würmer. Werden die Tiere auf ihrer nächtlichen Jagd bedroht, verschrecken sie den Angreifer, indem sie plötzlich ihre Körperlampen einschalten, die an erleuchtete Fenster in einem Nachtzug erinnern.

Der Kopf leuchtet hellrot, der Körper blass grünlich-gelb

Weibchen

Glühwürmchenweibchen

Glühwürmchenweibchen sind flügellos. Bei Anbruch der Dunkelheit klettern sie auf Grashalme und schwenken den leuchtenden Hinterleib, um Männchen anzulocken. Manche Glühwürmchen leuchten auch, um Fressfeinden zu signalisieren, dass sie schlecht schmecken.

Gelblich-grünes Licht an der Unterseite des Hinterleibs

Das Licht der Larve lässt die Fäden glitzern

Wanderungen

Während manche Insekten ihr ganzes Leben an einem Ort verbringen, unternehmen andere jedes Jahr auf der Suche nach gutem Wetter oder mehr Futter weite Reisen – so genannte Wanderungen.

Luftspinnen

Spinnen haben zwar keine Flügel, können sich aber dennoch in die Luft erheben, um Überbevölkerung oder Nahrungsmangel zu entgehen. Dazu spinnen sie einen kurzen Seidenfaden, der vom Wind erfasst wird und die Spinne mit davonträgt.

Davonsegelnde Spinnen

Distelfalter

Jedes Frühjahr fliegen die Distelfalter über 1 000 Kilometer weit von Afrika nach Europa oder von Mexiko nach Kanada. So entgehen sie nicht nur der größten Sommerhitze, sondern haben vermutlich zugleich auch einen Weg gefunden, sich über ein größeres Gebiet auszubreiten.

Distelfalter überwinden mit ihren recht einfachen Flügeln riesige Strecken.

Wanderheuschrecken

Wird ihre Zahl zu groß oder die Nahrung
zu knapp, machen sich Wanderheu-
schrecken auf die Suche nach neuen
Futtergebieten. Sie fliegen in Schwärmen,
die oft Millionen Tiere umfassen und auf
ihrem Weg ganze Ernten auffressen.

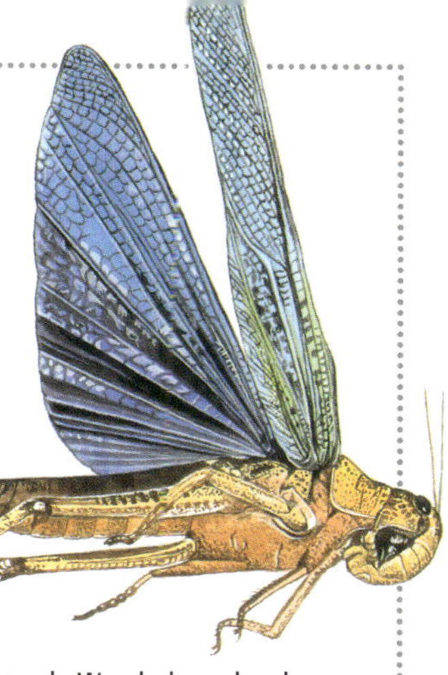

*Zum Schwarm
können viele
Millionen
Tiere gehören*

Schwärmende Wanderheuschrecke

**Schweb-
fliege**

**Bohnen-
blattlaus**

Wanderameisen

Anders als andere Ameisen haben
Wanderameisen keine feste Woh-
nung, sondern sind auf gieriger
Suche nach Nahrung dauernd
unterwegs. Ihre Kolonnen umfassen
bis zu 750 000 Tiere.

Wanderameisen unterwegs.

Schädlingsbekämpfung

Riesige Schwärme von hungrigen
Schwebfliegen sind manchmal viele
hunderte Kilometer unterwegs. In
Gärten sind sie gern gesehen, denn
ihre Larven fressen Blattläuse, die
Gartenpflanzen schädigen.

Wasserwanzen

Die Teiche, Seen und Flüsse dieser Welt sind Heimat von über 2 000 Wanzenarten. Manche von ihnen sind so leicht, dass sie über das Wasser laufen können, andere sind ausgezeichnete Taucher.

Riesenwasserwanze

Mit bis zu 15 Zentimetern Länge sind dies die größten Insekten überhaupt. Dank ihres stromlinienförmigen Körpers sind diese kräftigen Schwimmer meisterhafte Unterwasserjäger. Sie leben in träge fließendem Wasser, am liebsten über schlammigen Teich- und Seeböden.

Große Augen

Große Vorderbeine schießen nach vorn und packen die Beute

Bootförmiger Körper

Ruderwanze

Anders als viele andere Wasserwanzen sind diese Tiere keine Räuber, sondern Pflanzenfresser. Wie die Riesenwasserwanze schwimmen sie mit ihren mittleren und hinteren Beinen. Die schaufelartigen Vorderbeine dienen zum Suchen von Futter, das sie aus dem Schlick sieben.

Kurze Vorderbeine

Dank des flachen, eiförmigen Körpers gleitet die Wanze leicht durchs Wasser

Zum Schwimmen dienen die mittleren Beine und die Hinterbeine

Rückenschwimmer

Dieser gefräßige Räuber schwimmt auf dem Rücken knapp unter der Oberfläche und fällt Insekten und andere Kleintiere an. Wie andere Wasserwanzen hält er einen Luftvorrat unter den Flügeln, aus dem er unter Wasser mit Hilfe von Atemlöchern am Hinterleib Luft schöpft.

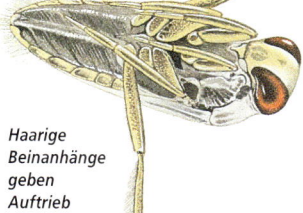

Haarige Beinanhänge geben Auftrieb

Lange, ruderförmige Beine bringen den Rückenschwimmer im Wasser schnell voran

Teichläufer

Auf langen Beinen mit Wasser abstoßenden Füßen gleitet der Teichläufer langsam über die Wasseroberfläche. Er frisst vor allem tote und sterbende Insekten, spießt mit seinen stechenden Mundwerkzeugen aber auch Wasserflöhe auf und saugt sie aus.

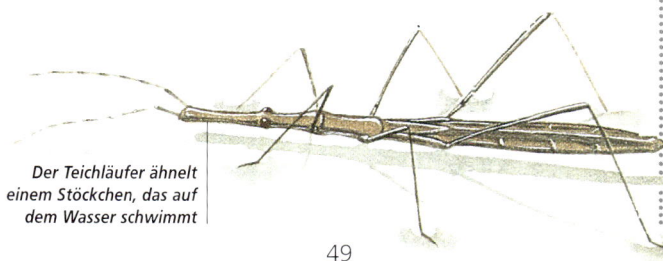

Der Teichläufer ähnelt einem Stöckchen, das auf dem Wasser schwimmt

Insekten-Führer

Aus dem gelben Durcheinander machen sich junge Kreuzspinnen an Seidenfäden davon, sobald Gefahr droht.

Schaben, Ohrwürmer und Borstenschwänze

Schaben sind häufige, aber unwillkommene Gäste in unseren Wohnungen. Das Gleiche gilt für die flügellosen Borstenschwänze. Ohrwürmer dagegen leben meist im Freien, oft in Gärten.

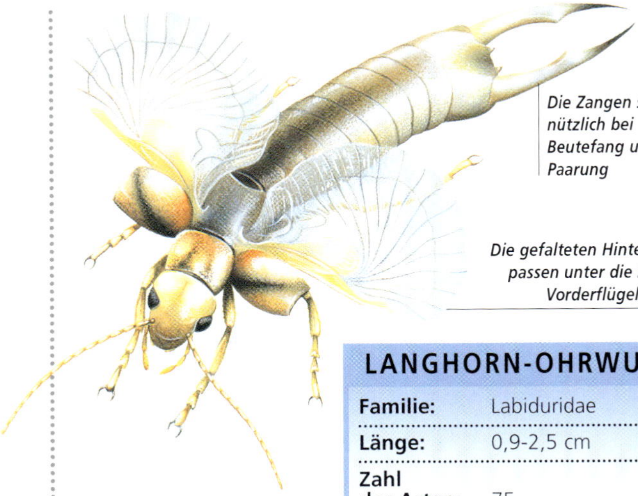

Die Zangen sind nützlich bei Beutefang und Paarung

Die gefalteten Hinterflügel passen unter die kleinen Vorderflügeldecken

LANGHORN-OHRWURM

Familie:	Labiduridae
Länge:	0,9-2,5 cm
Zahl der Arten:	75

Dieser Ohrwurm versteckt sich tagsüber und kommt nachts auf der Suche nach Insekten hervor. Wird er angegriffen, sondert er eine übel riechende Flüssigkeit aus besonderen Drüsen am Hinterleib ab.

SILBERFISCHCHEN

Familie:	Lepismatidae
Länge:	0,8-1,9 cm
Zahl der Arten:	200

Der lange, spitz zulaufende Körper ist von silbrigen Schuppen bedeckt

Silberfischchen gehören zu den Borstenschwänzen. Sie leben meist in Häusern, wo sie sich in dunklen Ecken verbergen. Sie ernähren sich von Papier, Leim und verschüttetem Mehl.

Borstenschwänze haben am Ende des Hinterleibs drei dünne, lange Schwanzfäden

Die Augen sind klein oder fehlen ganz

OFENFISCHCHEN

Familie:	Lepismatidae
Länge:	0,8-1,9 cm
Zahl der Arten:	200

Wie das Silberfischchen ist auch das Ofenfischchen ein hausbewohnender Borstenschwanz. Seinen Namen erhielt es, weil es gerne an Öfen lebt, wo es warm ist. Es huscht auf der Suche nach Essensbrocken und anderen Resten umher.

AMERIKANISCHE SCHABE

Familie:	Blattidae
Länge:	1,9-5 cm
Zahl der Arten:	600

*Schaben fliegen
höchstens ein
kurzes Stück*

*Ein festes Paket
schützt die Eier*

Diese Schaben verstecken sich tagsüber und fressen nachts alles Mögliche.
Die Weibchen legen ihre Eier in einem Paket am eigenen Körper ab, das sie
dann an einem dunklen, sicheren Platz lassen, bis die Jungen schlüpfen.

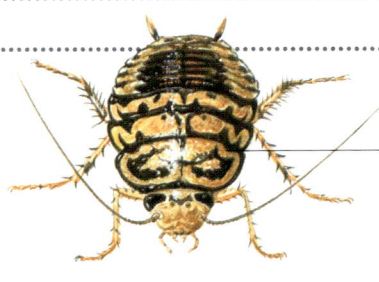

*Auffallende, braun-
schwarz und gelb
gemusterte Flügeldecken*

HARLEKINSCHABE

Familie:	Blattidae
Länge:	1,9-5 cm
Zahl der Arten:	600

Harlekinschaben leben
in Malaysia, wo man sie
oft in Häusern antrifft.
Wie andere Schaben
sind sie sehr fruchtbar:
Ein Weibchen legt sein
Leben lang etwa alle
drei Tage ein neues
Eipaket.

Lange, empfindliche Fühler

Dank des flachen Körpers können sich die Tiere in Ritzen und unter Dielen quetschen

DEUTSCHE SCHABE

Familie:	Blattellidae
Länge:	0,6-2,5 cm
Zahl der Arten:	1 750

Schaben findet man in fast allen Lebensräumen, diese Art aber meist in Häusern. Die Tiere können Krankheiten übertragen wenn sie mit schmutzigen Füßen aus Abflüssen kommen und übers Essen krabbeln.

MADAGASSISCHE ZISCHSCHABE

Familie:	Blaberidae
Länge:	5-7,5 cm
Zahl der Arten:	1 000

Werden sie aufgeschreckt, so stoßen diese großen, flügellosen Schaben mit Hilfe der Atemlöcher am Hinterleib ein lautes Zischen aus. Mit leiserem Zischen umwerben Männchen auch die Weibchen.

Die Zischlaute entstehen durch Auspressen von Luft aus Atemlöchern im Hinterleib

Grillen und Heuschrecken

**Während der Paarungszeit machen Grillen-
männchen und Heuschrecken mit den Beinen oder
Flügeln zirpende Geräusche, die wir alle kennen.**

*Sind sie einmal in der Luft,
spreizen Heuschrecken die Flügel,
um noch ein Stück
weiter zu segeln*

*Beine
vorgestreckt,
zur Landung
bereit*

*Kräftige,
muskulöse
Beine*

FELDHEUSCHRECKE

Familie:	Acrididae
Länge:	1,2-7,5 cm
Zahl der Arten:	9 000

Feldheuschrecken haben kurze Fühler und, wie alle Heuschrecken,
kräftige Hinterbeine. Bei Gefahr können sie über 200-mal so weit
springen, wie sie selbst lang sind.

Alle Heuschrecken haben einen großen Kopf mit gut entwickelten Augen

Lange, spindeldürre Beine

FALSCHE STABSCHRECKE

Familie:	Proscopiidae
Länge:	bis 10 cm
Zahl der Arten:	150

Dieses absonderlich aussehende Tier ist tatsächlich eine Heuschrecke, die ihre Feinde narrt, weil diese sie für einen ungenießbaren Zweig halten. Falsche Stabschrecken leben in Bäumen und im Gestrüpp tropischer Regenwälder und Halbwüsten.

Fadendünne Fühler, die länger als der ganze Körper sein können

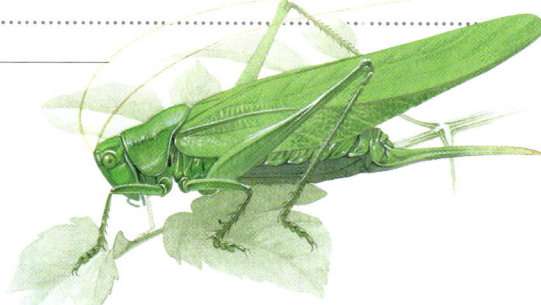

LAUBHEUSCHRECKE

Familie:	Tettigoniidae
Länge:	1,2-7,5 cm
Zahl der Arten:	5 000

In der Abenddämmerung machen sich die Tiere an Pflanzen, fressen aber auch kleine Insekten. Es bedarf 40-60 Tage und mehrerer Häutungen, bis aus dem Jungen eine erwachsene Heuschrecke geworden ist.

WANDERHEUSCHRECKE

Familie:	Acrididae
Länge:	1,2-7,5 cm
Zahl der Arten:	9 000

Feste, schmale Vorderflügel

Zarte Hinterflügel

Der Legebohrer des Weibchens trägt kurze »Schaufelblätter« mit Haken, mit denen das Tier im Boden gräbt. Dann legt es die Eier in die Erde und füllt das Loch auf, sodass Parasiten die Eier nicht finden.

Lange, empfindliche Fühler

Blattähnliche Flügel dienen der Tarnung

Gebogener Legestachel

SATTELSCHRECKE

Familie:	Tettigoniidae
Länge:	1,2-7,5 cm
Zahl der Arten:	5 000

Den englischen Namen »Katydid« hat die Art bekommen, weil ihr Zirpen so klingt wie ein unaufhörliches »Katy-did, Katy-didn´t«. Das Weibchen hat einen klingenförmigen Legestachel, mit dem es Pflanzenstängel aufschneidet, in die es die Eier ablegt.

Feine Haare schützen den Körper vor Schmutz

Große, schaufelartige Vorderbeine mit scharfen Krallen

MAULWURFSGRILLE

Familie:	Gryllotalpidae
Länge:	2-5 cm
Zahl der Arten:	60

Wie ein kleiner Maulwurf lebt das Tier sein Leben lang unter der Erde, wo es Wurzeln, Würmer und Raupen frisst. Die kräftigen Vorderbeine dienen beim Graben als Schaufeln.

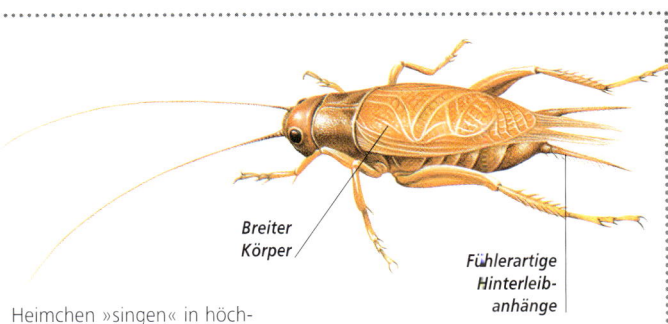

Breiter Körper

Fühlerartige Hinterleibanhänge

Heimchen »singen« in höchsten Tönen, indem sie an den Vorderflügeln eine Schrillader gegen eine Schrillkante reiben. Sie haben »Ohren« unter dem Knie der Vorderbeine, mit dem sie die Paarungsgesänge der Artgenossen hören können.

HEIMCHEN

Familie:	Gryllidae
Länge:	0,9-2,5 cm
Zahl der Arten:	2 000

Fangschrecken, Libellen und Verwandte

Fangschrecken packen ihre Beute mit blitzschnellen Bewegungen der Vorderbeine. Libellen hingegen jagen und fangen ihre Beute im Flug.

Seinen Namen erhielt das Tier, weil es seine Vorderbeine so zusammenlegt wie ein Mensch, der betet. Die Weibchen greifen die Männchen während der Paarung an und manchmal fressen sie diese auch auf.

GOTTESANBETERIN

Familie:	Mantidae
Länge:	1,2-15 cm
Zahl der Arten:	1 400

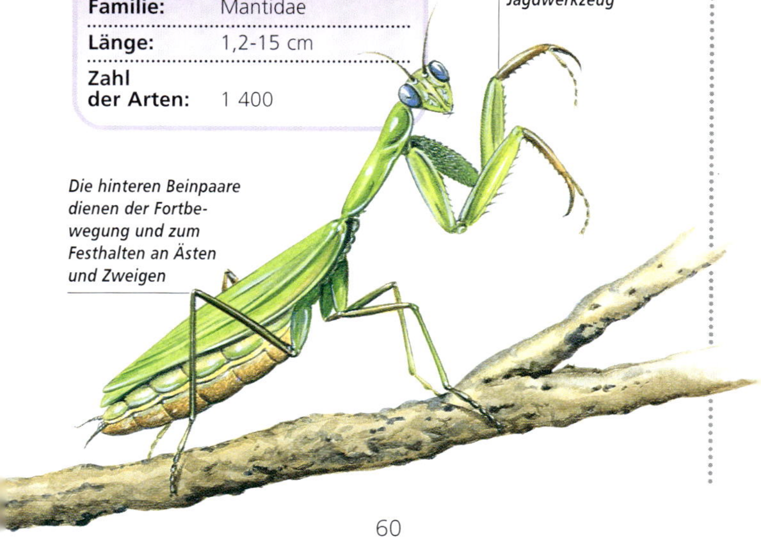

Das Vorderbeinpaar dient als Jagdwerkzeug

Die hinteren Beinpaare dienen der Fortbewegung und zum Festhalten an Ästen und Zweigen

ORCHIDEEN-FANGSCHRECKE

Familie:	Mantidae
Länge:	1,2-15 cm
Zahl der Arten:	1 400

Diese Art sieht genau so aus wie die Orchideenblüte, auf der sie lauert. Wie andere Fangschrecken auch wartet diese still und geduldig, bis ein Insekt zu nahe kommt. Dann schlägt sie zu und frisst ihr Opfer bei lebendigem Leib.

Der Körper gleicht rosa und weißen Blütenblättern

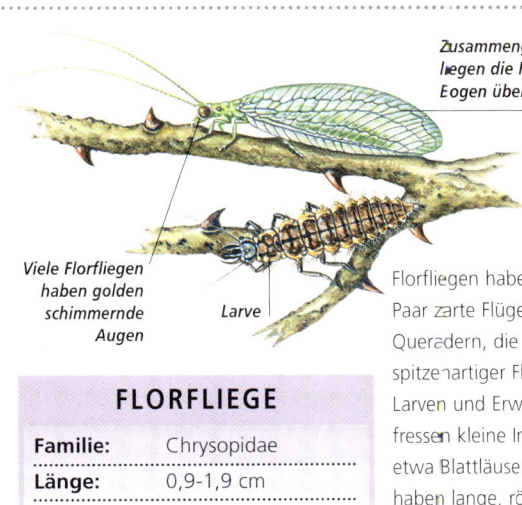

Zusammengefaltet liegen die Flügel wie ein Bogen über dem Körper

Viele Florfliegen haben golden schimmernde Augen

Larve

FLORFLIEGE

Familie:	Chrysopidae
Länge:	0,9-1,9 cm
Zahl der Arten:	1 600

Florfliegen haben zwei Paar zarte Flügel mit vielen Queradern, die wie ein spitzenartiger Flor wirken. Larven und Erwachsene fressen kleine Insekten, etwa Blattläuse. Die Larven haben lange, röhrenförmige Kiefer, mit denen sie ihre Beute aussaugen.

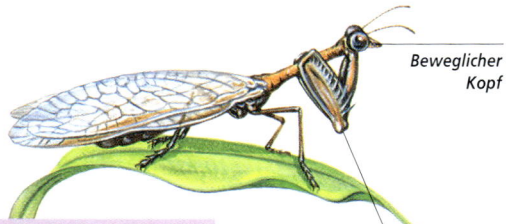

Beweglicher Kopf

FANGHAFT

Familie:	Mantispidae
Länge:	0,3-2,5 cm
Zahl der Arten:	350

Fanghafte jagen, indem sie ihre Beute ebenso wie Gottesanbeterinnen mit den Vorderbeinen schnappen

Fangbeine, ein langer Brustteil und große Augen lassen diese Verwandte der Florfliegen wie eine Gottesanbeterin aussehen. Fanghaftlarven sind Parasiten, die sich von Spinneneiern, Bienen- und Wespenlarven ernähren.

Libellen schlagen bis zu 20-mal pro Sekunde mit den Flügeln

FLUSSJUNGFER

Familie:	Gomphidae
Länge:	5-7,5 cm
Zahl der Arten:	875

Dickes, keulenförmiges Hinterleibende

Während die meisten großen Libellen über dem Wasser in der Luft nach Beute jagen, ziehen es Flussjungfern und Segellibellen vor, auf einem sonnigen Ansitz auf vorbeikommende Beute zu warten. Dann stürzt die Libelle los, schnappt sich die Beute und kehrt auf ihr warmes Plätzchen zurück.

Quelljungfern sind große
Libellen, die in der Nähe
von Waldbächen leben.
Die großen Facettenaugen
berühren sich beinahe
in der Mitte des
breiten Kopfs.
Die Nymphe lebt im Wasser,
wo sie sich von Insekten und
Kaulquappen ernährt.

*Härchen
bedecken Kopf
und Brustteil*

*Beim Sitzen
werden die Flügel
waagerecht vom Körper
abgespreizt*

QUELLJUNGFER

Familie:	Cordulegastridae
Länge:	6-8,5 cm
Zahl der Arten:	75

GROßE KÖNIGSLIBELLE

Familie:	Aeschnidae
Länge:	6-12 cm
Zahl der Arten:	etwa 1 000

*Bis zu 12,5 cm
Flügelspannweite*

Wie bei vielen anderen
Libellen besetzt das
Männchen ein Revier (ein
Streifen Land oder Gewässer),
das es abfliegt und verteidigt.
Paarungsbereite Weibchen dürfen
ins Revier, andere Männchen werden
als Rivalen vertrieben.

Erwachsene Eintagsfliegen fressen nicht mehr und leben manchmal nur wenige Stunden, gerade lang genug, um sich zu paaren und Eier zu legen. Die Nymphen dagegen leben ein Jahr oder länger, bevor sie zu geflügelten erwachsenen Tieren werden.

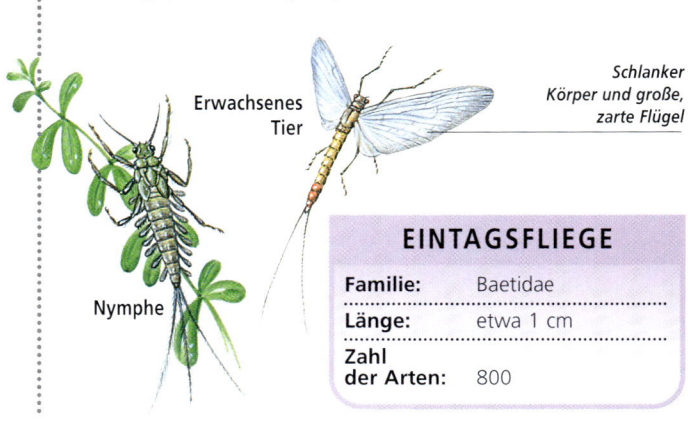

Erwachsenes Tier

Schlanker Körper und große, zarte Flügel

Nymphe

EINTAGSFLIEGE

Familie:	Baetidae
Länge:	etwa 1 cm
Zahl der Arten:	800

PLATTBAUCH

Familie:	Libellulidae
Länge:	2-6 cm
Zahl der Arten:	1 250

Flügelspannweite bis zu 10 cm

Diese dickleibige Libelle sieht man oft an stehenden oder träg fließenden Gewässern fliegen, etwa an Teichen und Sümpfen. Wie andere Großlibellen bewegt sie sich nicht sehr viel, nachdem sie sich hingesetzt hat, da sie ihre langen Flügel nicht nach hinten legen kann.

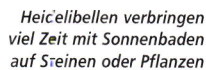

Heidelibellen verbringen viel Zeit mit Sonnenbaden auf Steinen oder Pflanzen

Heidelibellen kommen nicht nur in der Heide, sondern überall an Teichen oder Kiesgruben vor. Zur Eiablage tauchen die Weibchen mancher Libellen den Hinterleib ins Wasser, andere kleben die Eier an Steine oder Pflanzen über der Wasseroberfläche; Heidelibellen legen sie im Flug ab.

HEIDELIBELLE

Familie:	Libellulidae
Länge:	2-6 cm
Zahl der Arten:	1 250

Die Augen liegen weiter auseinander als bei Großlibellen, dadurch sieht der Kopf hantelförmig aus

In Ruhe liegen die Flügel über dem Körper oder etwas seitlich abgewinkelt

Binsenjungfern und andere Kleinlibellen sind viel zarter gebaut als Großlibellen, haben einen schlankeren, weicheren Körper und einen mehr flatternden Flug. Kleinlibellen leben in der Nähe von Teichen und Sümpfen, wo sie Blattläuse und andere Kleininsekten fressen.

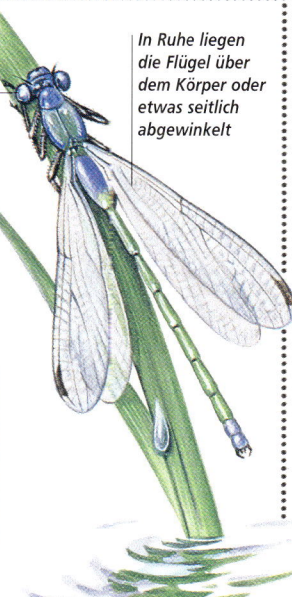

BINSENJUNGFER

Familie:	Lestidae
Länge:	3-5 cm
Zahl der Arten:	200

Wanzen, Läuse und Flöhe

Nur wenige Wanzen saugen Blut, auch wenn man oft anderes hört. Läuse und Flöhe aber sind durchweg Tierparasiten. Zikaden und Blattläuse saugen an Pflanzen.

ZIKADE

Familie:	Cicadidae
Länge:	bis 5 cm
Zahl der Arten:	2 500

Eine erwachsene Zikade schlüpft aus der Nymphenhaut.

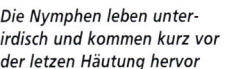

Die Nymphen leben unterirdisch und kommen kurz vor der letzten Häutung hervor

Zikaden sind wegen des schrillen Gesangs der Männchen recht bekannt. Sie erzeugen die Geräusche mit Hilfe trommelartiger Felder an der Unterseite des Hinterleibs, die man Tymbalorgane nennt. Wie die Wanzen haben sie stechend-saugende Mundwerkzeuge, mit denen sie Pflanzensaft trinken.

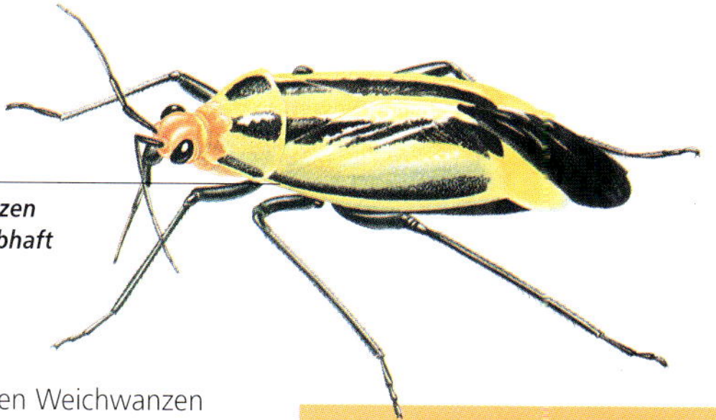

Weichwanzen sind oft lebhaft gefärbt

Die meisten Weichwanzen fressen Blätter, Samen und Früchte, was Ernteschäden verursacht. Manche sind aber auch von Bauern gern gesehen, da sie Blattläuse und andere Schädlinge vertilgen.

WEICHWANZE

Familie:	Miridae
Länge:	0,3-1,9 cm
Zahl der Arten:	7 000

Der Körper von Stinkwanzen ist schildförmig

Ein nasenförmiger Fortsatz bedeckt die Mundwerkzeuge

Diese Wanzen sind an der Körperunterseite mit Stinkdrüser ausgestattet, die eine übel riechende Flüssigkeit bilden Diese wird einem Angreifer entgegengespritzt. Die meisten Stinkwanzen saugen an Pflanzen, manche leben räuberisch.

STINKWANZE

Familie:	Pentatomidae
Länge:	0,6-2 cm
Zahl der Arten:	5 250

Tagsüber halten Bettwanzen sich versteckt, doch nachts kommen sie hervor, um Blut von Säugern und Vögeln zu saugen. Anders als Flöhe und Läuse leben Bettwanzen nicht ständig auf ihrem Wirt, sondern in dessen Heim oder Nest.

BETTWANZE

Familie:	Cimicidae
Länge:	bis 0,6 cm
Zahl der Arten:	90

Dank ihres flachen Körpers können sich Bettwanzen in Ritzen und Spalten verbergen

Die meisten Flöhe hüpfen auf Nahrungssuche von Wirt zu Wirt, der Sandfloh nicht: Er regt die Haut seines Wirts dazu an, über ihm zusammenzuwachsen, sodass er in Ruhe fressen kann. So eingegraben legen die Weibchen ihre Eier ab.

SANDFLOH

Familie:	Tungidae
Länge:	0,3-0,6 cm
Zahl der Arten:	20

FEDERLING

Familie:	Philopteridae
Länge:	0,15 cm
Zahl der Arten:	2 700

Mit den Kiefern werden kleine Federstücke abgebissen

Federlinge leben und knabbern an den Federn zahlreicher Vogelarten. Die Weibchen legen über 100 Eier, die sie mit einem selbst gebildeten Leim an den Federn festkleben.

KOPFLAUS

Familie:	Pediculidae
Länge:	0,15-0,3 cm
Zahl der Arten:	2

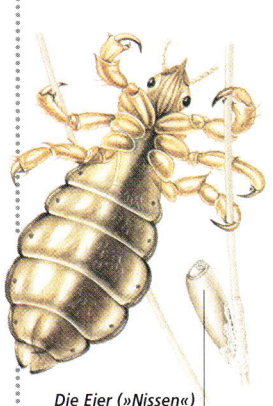

Die Eier (»Nissen«) werden an den Haaren von Menschen festgeklebt

Die Kopflaus saugt Blut, nachdem sie ihre Mundwerkzeuge in die Kopfhaut eines Menschen gebohrt hat. Sie hält sich mit Hilfe von bekrallten, kräftigen Beinen an den Haaren fest.

Käfer

Es gibt mehr als 300 000 Käferarten auf der Welt. Die meisten haben zwei Paar Flügel, wobei das vordere hart ist und das zarte hintere Paar schützend bedeckt.

GOLIATHKÄFER

Familie:	Scarabaeidae
Länge:	1,8-18 cm
Zahl der Arten:	20 000

Kräftige Vorderbeine machen den Goliathkäfer zu einem ausgezeichneten Kletterer

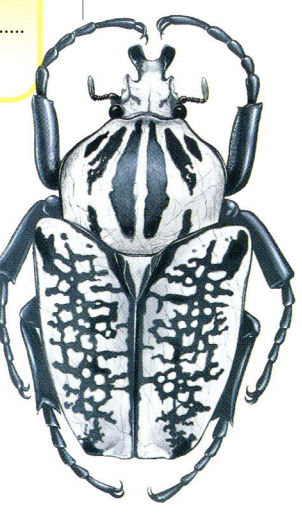

Dies ist eines der größten flugfähigen Insekten, es wird bis zu 100 g schwer. Die Weibchen bleiben kleiner als die Männchen und sind nicht so auffällig gemustert. Die erwachsenen Tiere ernähren sich von Baumsaft und -früchten. Die Paarung erfolgt in den Baumkronen, die Eiablage aber auf dem Boden. Die Larven leben in faulendem Pflanzenmaterial.

Männlicher Goliathkäfer

KURZFLÜGELKÄFER

Familie:	Staphylinidae
Länge:	bis 4 cm
Zahl der Arten:	27 000

Bei Störungen hebt der Käfer seinen Hinterleib wie ein Skorpion drohend hoch

Diese lang gestreckten Käfer haben kurze Flügel, die den Hinterleib nur wenig bedecken. Sie ernähren sich von anderen Insekten und Kleingetier wie Würmern. Manche Arten haben eine lange, klebrige »Zunge«, mit der sie unvorsichtige Beute »auflecken«.

Lange Beine machen den Käfer zum schnellen Läufer

Kräftige Kiefer

Färbenprächtige Flügeldecken

Sandlaufkäfer sind erbitterte Jäger, die kleinere Insekten fressen. Das Weibchen legt die Eier im Sand ab. Sind die Larven geschlüpft, verstecken sie sich in Höhlen und lauern auf vorbeikommende Beute.

SANDLAUFKÄFER

Familie:	Cicindelidae
Länge:	0,6-2,5 cm
Zahl der Arten:	2 000

TAUMELKÄFER

Familie:	Gyrinidae
Länge:	0,3-1,5 cm
Zahl der Arten:	750

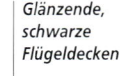

Glänzende, schwarze Flügeldecken

Taumelkäfer jagen allein oder in Gruppen

Taumelkäfer wirbeln auf der Jagd nach Insekten, die ins Wasser gefallen sind, auf dem Wasser herum. Sie haben zweigeteilte Augen, mit denen sie gleichzeitig über und unter dem Wasserspiegel sehen können.

Käfer

Larve

Wehrlose Kaulquappen sind eine leichte Beute

Dieser Tauchkäfer paddelt geschwind mit den Hinterbeinen und ist das schnellste Unterwasserinsekt. Sowohl die Käfer als auch die Larven sind gefräßige Räuber, die schier über alles Essbare herfallen, selbst über Fische und Kaulquappen. Die Käfer fliegen manchmal von einem Teich zum nächsten.

GELBRANDKÄFER

Familie:	Dytiscidae
Länge:	0,15-4 cm
Zahl der Arten:	3 500

KARTOFFELKÄFER

Familie:	Chrysomelidae
Länge:	bis 1,6 cm
Zahl der Arten:	20 000

Gelbliche Oberseite mit zehn schwarzen Streifen

Kartoffelkäfer sind gefürchtete Schädlinge, da die Käfer und Larven Kartoffelpflanzen vernichten und binnen kurzem in eine schwarze Masse verwandeln können. Sie werden mit Pestiziden bekämpft.

Metallisch glänzende Flügeldecken

PRACHTKÄFER

Familie:	Buprestidae
Länge:	2–6 cm
Zahl der Arten:	14 000

Diese Käfer verdanken ihren Namen den leuchtend bunten Flügeldecken. Sie ernähren sich von Nektar und Blättern tropischer Bäume. Die Larven bohren sich zum Fressen in totes oder lebendes Holz und gelten daher oft als Schädlinge.

Lange, etwa zehngliedrige Fühler, bis zu dreimal so lang wie der Körper

Kleine Augen

Füße mit Krallen

BOCKKÄFER

Familie:	Cerambycidae
Länge:	bis 18 cm
Zahl der Arten:	25 000

Das Weibchen legt seine Eier in Risse von Bäumen und gefällten Baumstämmen. Sind die Larven geschlüpft, bohren sie sich zum Fressen ins Holz, wobei sie oft großen Schaden anrichten. Erwachsene Käfer ernähren sich von Blüten und Pollen.

SKARABÄUS, PILLENDREHER

Familie:	Scarabaeidae
Länge:	1,8-18 cm
Zahl der Arten:	20 000

Skarabäen sind meist kräftig und gedrungen

Skarabäen sind Dungkäfer. Sie fertigen aus Dung Kugeln, die sie eingraben und später in Ruhe verzehren. Das Weibchen legt nach der Paarung ein Ei in die Mitte einer Kugel, der Dung dient als Futter für die geschlüpfte Larve.

AASKÄFER

Familie:	Silphidae
Länge:	bis 4 cm
Zahl der Arten:	250

Die meisten Aaskäfer – manche heißen auch Totengräber – fressen wirklich Aas, etwa tote Mäuse und Vögel. Manche legen ihre Eier darauf ab und begraben das Ganze, sodass die schlüpfenden Larven gleich etwas zu fressen haben.

Das letzte Ende des Hinterleibs liegt frei

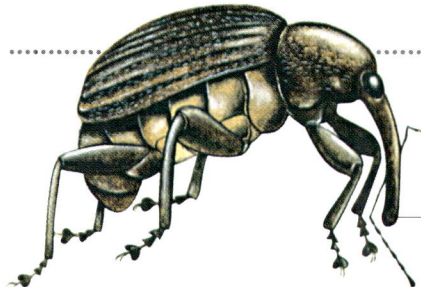

Rüsselkäfer wie dieser bohren Knospen und Früchte mit Hilfe der Kiefer am Vorderende des langen Rüssels an

Baumwollrüssler können große Schäden verursachen, denn sie stechen die Knospen und Samenkapseln von Baumwollpflanzen an. Die Weibchen legen ihre Eier in Löcher, die sie in die Samenkapseln gebohrt haben.

BAUMWOLLRÜSSLER

Familie:	Curculicnidae
Länge:	0,15-4 cm
Zahl der Arten:	40 000

Mit seinen langen Hörnern hebt dieser Käfer das 850-fache seines eigenen Gewichts. Zur Paarungszeit benutzt das Männchen die Hörner als Waffe gegen Rivalen.

NASHORNKÄFER

Familie:	Scarabaeidae
Länge:	1,8-12,5 cm
Zahl der Arten:	20 000

Die »Hörner« haben spitze Haare, sodass ein Rivale festgehalten und auf den Rücken geworfen werden kann

SCHWARZKÄFER

Familie:	Tenebrionidae
Länge:	2-4,5 cm
Zahl der Arten:	15 000

Ein häufiger Käfer in trockenen Gegenden. Den Tag verbringt er, durch seine schwarze Farbe getarnt, im Schatten unter Steinen, nachts sucht er nach Futter.

Von oben betrachtet, sieht der flache Körper des Käfers geigenförmig aus

SCHNELLKÄFER

Familie:	Elateridae
Länge:	bis 6 cm
Zahl der Arten:	8 500

Fallen sie auf den Rücken, so schnellen sich diese Käfer mit einem lauten Klicken hoch in die Luft. Dabei schaffen sie bis zu 30 cm Höhe.

Die bunte Farbe soll davor warnen, dass der Käfer schlecht schmeckt oder giftig ist. Marienkäfer fressen vor allem Blattläuse und überwintern oft gruppenweise in geschützten Höhlungen.

MARIENKÄFER

Familie:	Coccinellidae
Länge:	bis 0,9 cm
Zahl der Arten:	5 000

Dieser seltsam aussehende, rätselhafte Käfer aus Indonesien lebt mit seinem abgeflachten Körper eingekeilt zwischen Lagen von Baumpilzen auf den Stämmen von Waldbäumen.

GESPENSTLAUFKÄFER

Familie:	Carabidae
Länge:	0,15-4 cm
Zahl der Arten:	25 000

Fliegen, Mücken, Schmetterlinge

Schmetterlinge haben zwei Paar Flügel, die von feinen Schuppen bedeckt sind. Fliegen und Mücken haben nur ein Flügelpaar, sind aber geschicktere Flieger. Viele sind Blütenbestäuber.

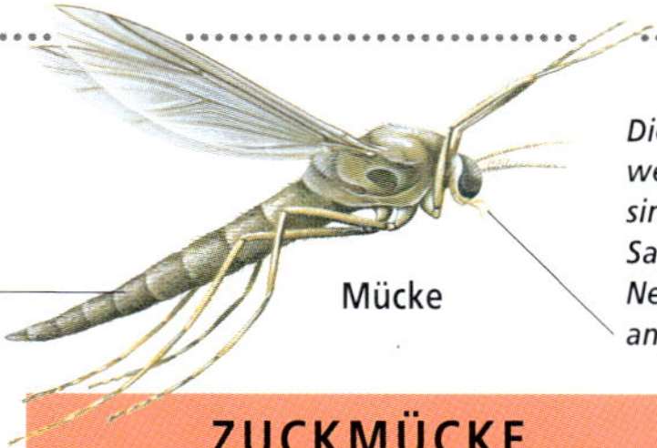

Durchscheinende Flügel, kürzer als der zarte Körper

Die Mundwerkzeuge sind an das Saugen von Nektar angepasst

Mücke

ZUCKMÜCKE

Familie:	Chironomidae
Länge:	0,15-0,9 cm
Zahl der Arten:	5 000

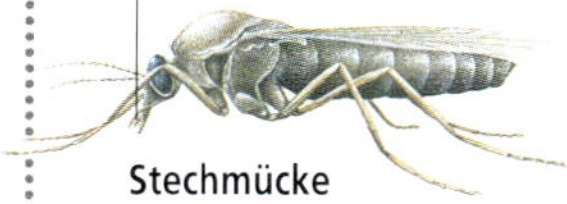

Spitze Mundwerkzeuge dienen dazu, bei Tieren Blut oder andere Körperflüssigkeiten zu saugen

STECHMÜCKE

Familie:	Ceratopogonidae
Länge:	0,15-0,6 cm
Zahl der Arten:	2 000

Stechmücke

An warmen Abenden sammeln sich an Teichen und Seen Schwärme winziger Mücken. Man unterscheidet die Familie der Ceratopogoniden, die Tiere und Menschen stechen, von der Familie der Chironomiden, die sich von Nektar, faulenden Pflanzen und Algen ernähren oder räubern.

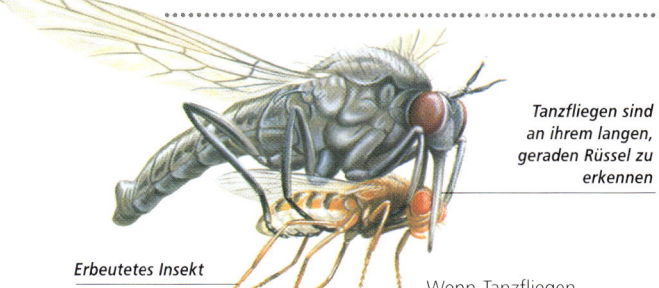

Tanzfliegen sind an ihrem langen, geraden Rüssel zu erkennen

Erbeutetes Insekt

TANZFLIEGE

Familie:	Empididae
Länge:	bis 0,9 cm
Zahl der Arten:	3 500

Wenn Tanzfliegen schwärmen, tanzen sie im Flug auf und ab. Die Weibchen ernähren sich meist von Blüten, die Männchen aber jagen kleine Insekten. Bei der Paarung bringt das Männchen dem Weibchen ein totes Insekt als »Hochzeitsgeschenk« mit.

Die Männchen ernähren sich von Pollen und Nektar, aber die Weibchen saugen Blut von Tieren, wobei sie ihren Opfern schmerzhafte Wunden zufügen. Bremsen lieben feuchte Weiden, wo etwa Pferde grasen.

BREMSE

Familie:	Tabanidae
Länge:	0,6-2,5 cm
Zahl der Arten:	4 100

Große, grün schillernde Augen der Goldaugenbremse

Die Flügel machen ein brummendes Geräusch

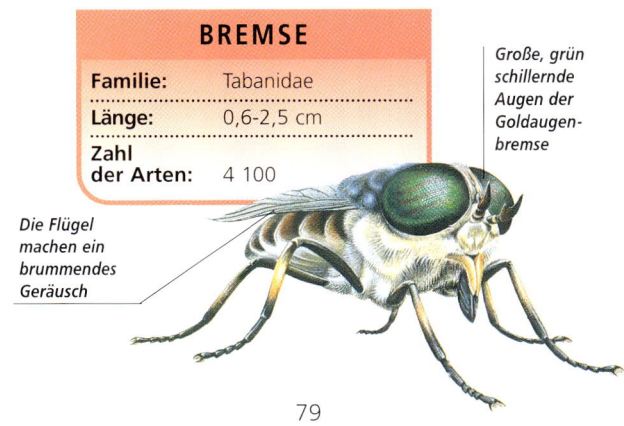

KRIEBELMÜCKE

Familie:	Simulidae
Länge:	bis 0,6 cm
Zahl der Arten:	1 500

Die Weibchen haben stechende Mundwerkzeuge, mit denen sie Löcher in die Haut von Tieren bohren und Blut saugen

Diese dickleibigen Insekten haben einen Buckel. Wie bei vielen anderen Mücken und Fliegen ernähren sich die Männchen von Nektar. Die Weibchen dagegen sind Blutsauger, die Säugetiere und Vögel anfallen.

Lange Beine lassen die Wiesenschnake wie eine Riesenmücke aussehen

Flügel- spannweite bis 7 cm

WIESENSCHNAKE

Familie:	Tipulidae
Länge:	0,6-6 cm
Zahl der Arten:	15 000

Die meisten Schnaken leben als erwachsene Tiere nur wenige Tage und nehmen keine Nahrung mehr zu sich. Die Larven fressen Wurzeln und Pflanzenabfälle, andere räubern; einige haben eine fast ledrige Haut.

STUBENFLIEGE

Familie:	Muscidae
Länge:	0,3-1,2 cm
Zahl der Arten:	3 000

Stubenfliegen sind so geschickte Flieger, dass sie den meisten Feinden entkommen

Stubenfliegen findet man fast weltweit in Wohnungen. Ihre Larven, die Maden, leben in faulendem Fleisch und Abfall. Die Fliegen können Krankheiten übertragen, wenn sie mit ihren Füßen über offen herumliegende Lebensmittel laufen.

Die Fliegen können Keime übertragen, da sie häufig auf Mist und Abfällen herumlaufen

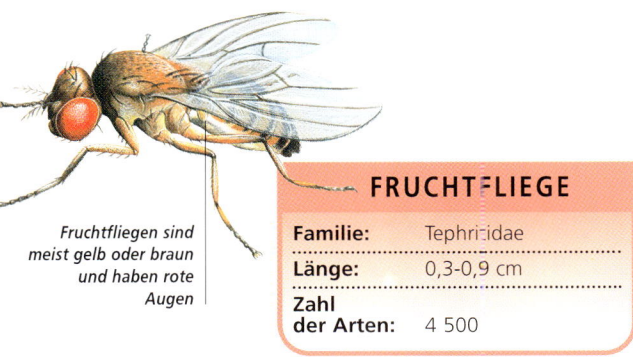

Fruchtfliegen sind meist gelb oder braun und haben rote Augen

FRUCHTFLIEGE

Familie:	Tephritidae
Länge:	0,3-0,9 cm
Zahl der Arten:	4 500

Diese kleinen Fliegen lieben Blüten, reife Früchte und gärende Sachen wie etwa Most. Die Larven entwickeln sich in faulenden Früchten. Manche Fruchtfliegen sind eine echte Plage, die Schäden an Baumobst und anderen Früchten verursachen.

Die Raupen dieser kleinen, braunen Motte ernähren sich von Haaren und Federn sowie vertrockneten Kadavern kleiner Vögel und Säuger. In Wohnungen gehen die Raupen oft an Kleidungsstücke aus Naturfasern, besonders Wolle.

KLEIDERMOTTE

Familie: Tineidae

Spannweite: 0,6-2 cm

Zahl der Arten: 2 500

Die schmalen Vorderflügel legen sich säuberlich über den Körper

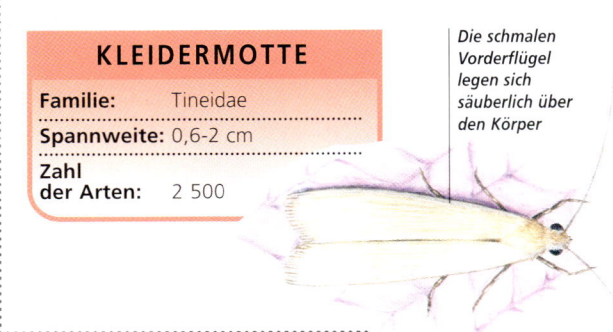

Diese schlanken Schmetterlinge haben zerbrechliche Flügel, die den Weibchen mancher Arten ganz fehlen. Die Raupen bewegen sich vorwärts, indem sie erst einen »Katzenbuckel« machen und sich dann vorstrecken. Dabei spinnen sie einen Seidenfaden, den sie als »Halteseil« an einem Ast befestigen.

STACHELBEERSPANNER

Familie: Geometridae

Spannweite: 1,2-4 cm

Zahl der Arten: 18 000

In Ruhe werden die Flügel flach ausgebreitet

OLEANDER-SCHWÄRMER

Familie: Sphingidae

Spannweite: 3-15 cm

Zahl der Arten: 1 200

Der Körper der Schwärmer ist kräftig und lang, die Flügel sind schmal. Die dicke Raupe des Oleander-schwärmers wird bis zu 15 cm lang, sie frisst an Oleander und ähnlichen Pflanzen.

BAUMWOLLMOTTE

Familie: Noctuidae

Spannweite: 1,2-7,5 cm

Zahl der Arten: 25 000

Auffallende Augenflecken können Fressfeinde narren und ihnen vortäuschen, die Motte wäre viel größer

Die Baumwollmotte gehört zu einer der artenreichsten Schmetterlings-familien, den – meist nachtaktiven – Eulenfaltern. Ihre Raupen fressen die Saatkapseln der Baumwolle und können die Pflanze schädigen.

PAPPELSCHWÄRMER

Familie:	Sphingidae
Spannweite:	3-15 cm
Zahl der Arten:	1 200

Pappelschwärmer leben an Waldrändern und in Parks. Sie sind nachtaktiv und legen ihre Eier ab an Pappeln und Weiden. Die ausgewachsene Raupe verpuppt sich in einem Loch in der Erde und überwintert dort.

Durch die Färbung und unregelmäßige Flügelform ist das tagsüber auf der Rinde ruhende Tier kaum zu erkennen

BÄRENSPINNER

Familie:	Arctiidae
Spannweite:	2-7 cm
Zahl der Arten:	2 500

Wird er erschreckt, zeigt der Falter seine roten Hinterflügel

Auffällige Muster warnen vor dem schlechten Geschmack des Falters

Die haarigen Raupen der Bärenspinner ernähren sich von Pflanzen, die für Wirbeltiere giftig sind. Das Gift speichern sie dann zur Abwehr in ihrem eigenen Körper.

Diese farbenprächtigen Nachtfalter gehören zu den größten der Welt. Die meisten Spinner haben Flügel mit durchscheinenden Mustern und gefiederte Fühler. Die Blätter fressenden Raupen sind von einem weißen Puder bedeckt.

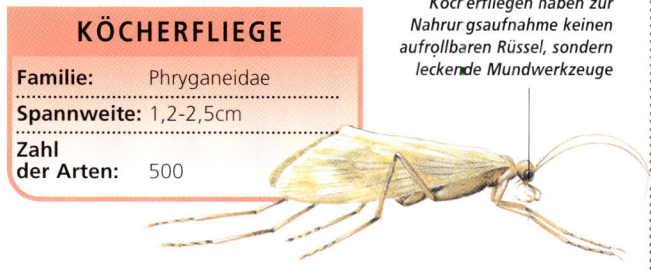

ATLASSPINNER

Familie:	Saturniidae
Spannweite:	2,5-25 cm
Zahl der Arten:	1 100

Die auffällige, an einen Schlangenkopf erinnernde Zeichnung an der Flügelspitze schreckt Feinde ab

---

Köcherfliegen findet man an Teichen und Bächen. Sie ähneln Motten, haben keine beschuppten Flügel und sind unbehaart. Die Larven leben im Wasser in einem Gehäuse aus Blättern, Zweigen oder Steinchen.

KÖCHERFLIEGE

Familie:	Phryganeidae
Spannweite:	1,2-2,5cm
Zahl der Arten:	500

Köcherfliegen haben zur Nahrungsaufnahme keinen aufrollbaren Rüssel, sondern leckende Mundwerkzeuge

SCHWALBENSCHWANZ

Familie:	Papilionidae
Spannweite:	5-28 cm
Zahl der Arten:	700

Die Schwanzanhänge der Flügel lenken Fressfeinde vom empfindlicheren Kopfende ab

Schwalbenschwänze heißen so wegen der schwanzförmigen Fortsätze der Hinterflügel. Sie sind schnelle Flieger, die auf Wiesen und in feuchten Wäldern leben. Manche Arten legen über 500 Eier.

RIO-DE-JANEIRO-SCHWALBENSCHWANZ

Familie:	Papilionidae
Spannweite:	5-28 cm
Zahl der Arten:	700

Dieser schöne Schmetterling lebt noch in Küstensümpfen Südamerikas, ist aber gefährdet, weil große Teile seines Lebensraums trockengelegt werden, um dort Häuser und Fabriken zu bauen oder Ackerbau zu betreiben.

Dunkle Vorderflügel mit weißem Mittelstreifen

Hinterflügel mit blassroten Flecken

CAIRNS-VOGELFALTER

Familie:	Papilionidae
Spannweite:	5-28 cm
Zahl der Arten:	700

Vogelfalter kommen nur in Südost-asien und Nordaustralien vor. Diese Art hier lebt im Kronendach der Regenwälder und entwickelt sich auf Kletterpflanzen. Man glaubt, dass sie für Fressfeinde, etwa Vögel, giftig ist.

Die Männchen sind kleiner, aber farbenprächtiger als die schwarz, weiß und gelb gefärbten Weibchen

FEUERFALTER

Familie:	Lycaenidae
Spannweite:	2,5-5cm
Zahl der Arten:	6 000

Auffällig gefärbte, schillernde Flügel

Feuerfalter sind kleinere Schmetterlinge, die man oft mit zusammengeklappten Flügeln auf Gartenblumen sitzen sieht, wo sie Nektar saugen. Die plumpe grüne Raupe ähnelt einer Nacktschnecke und frisst Sauerampferblätter.

Millionen von Monarchfaltern fliegen jeden Herbst über 3 000 Kilometer weit von Kanada bis nach Mexiko und im Frühling wieder zurück. Wie alle »Edelfalter« (Nymphalidae) laufen sie auf nur vier Beinen, die Vorderbeine sind zum Laufen zu kurz.

MONARCHFALTER

Familie:	Nymphalidae
Spannweite:	2,5-11 cm
Zahl der Arten:	3 500

Orange und Schwarz täuschen vor, dass dieser Schmetterling giftig sei

Die Männchen gehören zu den schönsten Schmetterlingen überhaupt. Die Weibchen sind viel blasser gefärbt. Morphofalter leben in tropischen Regenwäldern, wo sie sich vom Saft überreifer Früchte und aus den Wunden verletzter Bäume ernähren.

MORPHOFALTER

Familie:	Nymphalidae
Spannweite:	2,5-11 cm
Zahl der Arten:	3 500

Schuppen werfen das Licht so zurück, dass die Flügel wunderschön blau schimmern

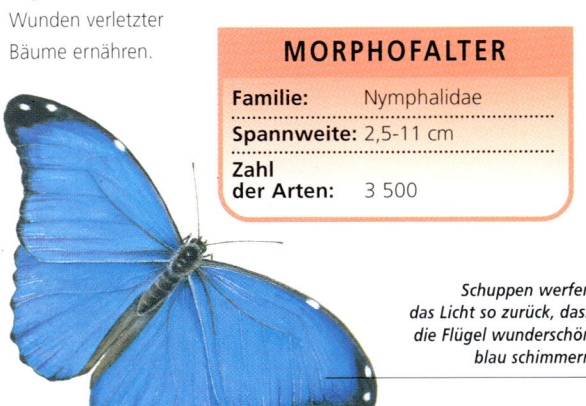

KOHLWEIßLING

Familie:	Pieridae
Spannweite:	0,9-7 cm
Zahl der Arten:	1 300

Im Unterschied zu vielen anderen Tagfaltern haben Kohlweißlinge gut entwickelte Vorderbeine, auf denen sie laufen. Erwachsene Tiere saugen Nektar, aber die Raupen fressen Blätter von Gemüse, vor allem Kohl und Rettich.

Die Männchen haben je einen Fleck pro Vorderflügel, die Weibchen zwei

KÖNIGIN-ALEXANDRA-VOGELFALTER

Familie:	Papilionidae
Spannweite:	5-28 cm
Zahl der Arten:	700

Sage und schreibe 28 cm Flügelspannweite – mehr als bei jedem anderen Tagfalter!

Dieser Vogelfalter mit seiner einzigartigen Flügelform ist der größte Tagfalter der Welt. Er lebt hoch oben in Baumkronen, ist aber vom Aussterben bedroht, denn die Regenwälder, in denen er lebt, werden mehr und mehr abgeholzt.

Leuchtend gelber Hinterleib

Bienen, Wespen, Ameisen, Termiten

Bienen, Ameisen und Wespen haben eine schmale Taille und zungenartige Mundwerkzeuge. Termiten leben unter der Erde oder auf Bäumen.

HUMMEL

Familie:	Apidae
Länge:	0,3-2,5 cm
Zahl der Arten:	1 000

Hummeln leben kolonieweise in unterirdischen Nestern. Die Königin bildet aus Nektar und Pollen das so genannte Bienenbrot. Damit werden die Larven nach dem Schlüpfen gefüttert.

Großer, behaarter und meist schwarzer Körper mit leicht gelber Zeichnung

Kuckucksbienen ähneln Wespen

KUCKUCKSBIENE

Familie:	Anthrophoridae
Länge:	0,9-1,2 cm
Zahl der Arten:	4 200

Diese Biene legt ihre Eier in Hummelnester. Die Larven schlüpfen vor den Hummellarven und fressen ihnen alle Futtervorräte auf. Die Kuckucksbienenlarve wird von Arbeiterhummeln großgezogen.

Orchideenbienen
err ähren sich vom Nektar
der Orchideenblüten

ORCHIDEENBIENE

Familie:	Apidae
Länge:	0.3-2,5 cm
Zahl der Arten:	1 000

Die meisten der leuchtend gefärbten Orchideenbienen leben in den Tropen. Die Männchen suchen in Orchideenblüten nach Nahrung, befruchten sie zugleich und nehmen Duftstoffe auf, um Weibchen anzulocken.

Mit den Kiefern schneiden die Weibchen Stückchen von Rosen, Buchen und anderen Pflanzen ab

BLATTSCHNEIDERBIENE

Familie:	Megachilidae
Länge:	0,9-2 cm
Zahl der Arten:	3 000

Die Stückchen sind ei- oder halbkreisförmig

Diese Biene treibt einen Tunnel ins Erdreich oder morsche Holz. Dort baut sie für ihre Larven mit ausgeschnittenen Blatt- und Blütenstückchen wurstförmige Zellen. In jede Zelle kommen Pollen und Nektar und darauf ein Ei. Die Larven fressen nach dem Schlüpfen dann den Pollen und Nektar.

91

Sandbienen graben sich mit Hilfe ihrer Kiefer und Beine in den Boden

Sandbienen nisten in langen, verzweigten Gängen unter der Erde, wobei sie oft am Eingang ein Erdhäufchen hinterlassen. Jede Biene baut zwar ihr eigenes Nest, doch leben oft viele dicht beieinander.

Der Hinterleib von Bienen, Ameisen und Wespen verschmälert sich vorn zur »Wespentaille«

SANDBIENE

Familie:	Andrenidae
Länge:	0,3-2 cm
Zahl der Arten:	4 000

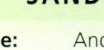

Arbeiterinnen sammeln Nektar und Pollen

Ein Bienenstaat hat eine Eier legende Königin, ein paar Männchen (die Drohnen) und viele, viele unfruchtbare Weibchen, die Arbeiterbienen. Eine Arbeiterin lebt nur 6-8 Wochen. Anfangs umsorgt sie Eier und Larven, dann hilft sie beim Bau und Säubern des Nests. Zum Schluss sammelt sie Futter.

HONIGBIENE

Familie:	Apidae
Länge:	0,3-2,5 cm
Zahl der Arten:	1 000

STACHELLOSE BIENE

Familie: Apidae

Länge: 0,3-2,5 cm

**Zahl
der Arten:** 1 000

Stachellose Bienen wehren Eindringlinge mit kräftigen Bissen ab

Im Unterschied zu anderen Bienen haben diese keinen Stachel am Hinterleibende

Auch diese Bienen leben in Kolonien. Sie bauen ihre Nester in Löchern im Boden oder in hohlen Bäumen, manchmal sogar in einem Termitenhügel. Arbeiterinnen legen eine Duftspur von der Futterquelle zum Nest, sodass ihre »Mitarbeiterinnen« das Futter finden können.

HOLZBIENE

Familie: Apidae

Länge: 0,3-2,5 cm

**Zahl
der Arten:** 1 000

Diese große Biene fliegt geräuschvoll von Blüte zu Blüte und sammelt Nektar

Die Weibchen der Holzbienen beißen ein tunnelartiges Nest ins Holz. Dort bauen sie in einer Reihe voneinander getrennte Zellen, in die sie je ein Ei legen. Das Nest wird von ihnen solange bewacht, bis die Larven schlüpfen.

Hornissen nisten in Bäumen oder alten Gebäuden. Sie ernähren sich von Nektar, Insekten und Pflanzensaft. Im Sommer fliegen sie nachts und werden vom Licht angelockt.

HORNISSE

Familie:	Vespidae
Länge:	1-3 cm
Zahl der Arten:	3 800

Hornissen haben einen kennzeichnenden rötlich-braunen Brustteil

Kräftiger Stachel

Wenn es heiß ist, sitzen die Arbeiterinnen am Nesteingang und lenken mit Flügelschwirren kühle Luft ins Nest

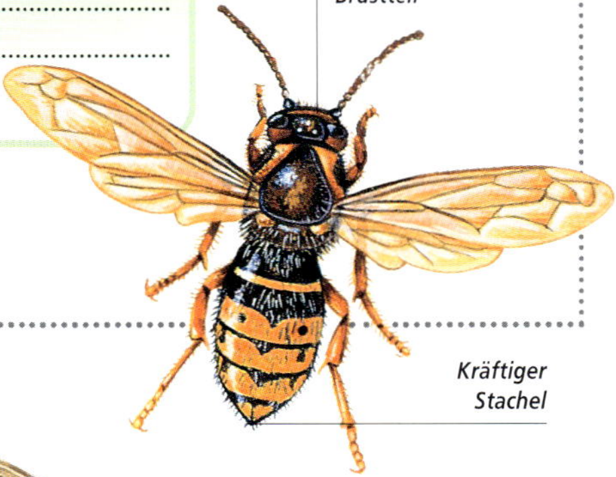

SANDDÜNENWESPE

Familie:	Vespidae
Länge:	1-3 cm
Zahl der Arten:	3 800

In sandigen Gegenden bauen diese Insekten ihre papieren Nester in Sträuchern und Hecker nahe am Boden, manchmal auch in Dächern. Bei Störungen stechen sie angriffslustig zu. Erwachsene ernähren sich von Nektar, die Larven fressen vorgekaute Insekten und Obst.

Die Wespen benutzen ihren Stachel, um Beute zu lähmen oder zu töten und zur Selbstverteidigung

Die Weibchen jagen Spinnen und greifen diese manchmal sogar in deren eigenen Versteck an. Die Beute wird durch einen Stich gelähmt und in eine Zelle des Nests gebracht. In die Zelle wird ein Ei gelegt und diese dann mit Schlamm verschlossen. Die Larve frisst nach dem Schlüpfen die Spinne auf.

WEGWESPE, SPINNENTÖTER

Familie:	Pompilidae
Länge:	0,9-5 cm
Zahl der Arten:	4 000

Diese einzeln lebende, gar nicht angriffslustige Wespe ernährt sich von Insekten und Nektar. Das Weibchen baut ein Nest aus feuchtem Schlamm oder Lehm. Dort legt es in jede Zelle ein Ei und einige gelähmte Insekten als Futter für die geschlüpften Larven.

Viele Grabwespen haben eine lange, schlanke Taille

GRABWESPE

Familie:	Sphecidae
Länge:	0,9-5 cm
Zahl der Arten:	8 000

GEMEINE WESPE/ DEUTSCHE WESPE

Familie:	Vespidae
Länge:	1-3 cm
Zahl der Arten:	3 800

Die Gemeine Wespe ernährt sich von Nektar und süßen Sachen, etwa reifen Äpfeln

Diese Wespen sind wegen ihres Stachels gefürchtet, mit dem sie sich verteidigen und Beute töten. Wird die Kolonie gestört, schwärmen Wächter aus und stechen den Störenfried. Das dabei freigesetzte Gift enthält einen Alarmstoff, der andere Wespen anlockt und zustechen lässt.

In manchen Gallen finden bis zu 30 Wespenlarven Schutz und Futter

GALLWESPE

Familie:	Cynipidae
Länge:	0,15-0,9 cm
Zahl der Arten:	1 250

Diese kleinen Wespen legen ihre Eier in ganz bestimmte Pflanzen, zum Beispiel an Eichen. Die Wirtspflanze bildet Wucherungen um das Ei, so genannte Gallen. Geschlüpfte Larven finden in der Galle Schutz und ernähren sich von ihr, bis sie ausgewachsen sind.

Der Körper ist mit samtigen Haaren bedeckt

Die flügellosen Weibchen erinnern an Ameisen

Trotz des ameisenartigen Aussehens ist dies eine Wespe. Sie legt ihre Eier an Bienen- und Wespenlarven ab. Nach dem Schlüpfen fressen die Larven ihre Wirte auf. Die Weibchen sind flügellos, die Männchen aber normal geflügelt und flugfähig.

AMEISENWESPE

Familie:	Mutillidae
Länge:	0,6-2,5 cm
Zahl der Arten:	5 000

Im Unterschied zu anderen Wespen haben Blattwespen keine »Wespen-taille«. Die Weibchen haben einen sägeblattähnlichen Legestachel, mit dessen Hilfe sie Eier in Pflanzen ablegen. Die Larven ähneln Schmetterlingsraupen.

Um die Eier im oder am Blatt können sich kleine, rote Gallen entwickeln

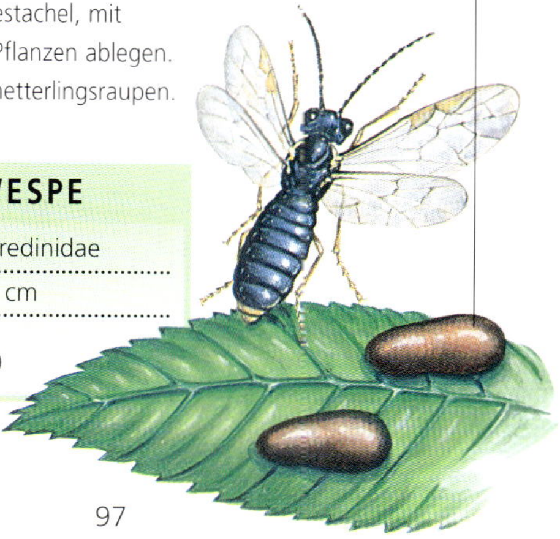

BLATTWESPE

Familie:	Tenthredinidae
Länge:	0,3-2 cm
Zahl der Arten:	4 000

NASENTERMITE

Familie:	Termitidae
Länge:	bis 6 cm
Zahl der Arten:	1 650

Soldat

In den meisten Termitenkolonien umsorgen Arbeiter das Nest und schaffen Futter herbei, während Soldaten sie beschützen. Die Soldaten der Nasentermiten lähmen Angreifer, etwa Ameisen, mit einem giftigen Klebstoff aus ihrer langen Nase.

Bei den meisten Termiten sind Arbeiter und Soldaten blind

Termiten haben im Darm besondere Mikroorganismen, die Zellstoff verdauen können, den Hauptbestandteil von Pflanzen. Trockenholztermiten sind wichtige Abfallverwerter, die totes Holz beseitigen. Sie können aber auch große Schäden verursachen, wenn sie an Möbel und Holzhäuser gehen.

Arbeiter

Soldat

Soldaten haben längere Köpfe und Kiefer als die Arbeiter

TROCKENHOLZTERMITE

Familie:	Kalotermitidae
Länge:	bis 2,5 cm
Zahl der Arten:	8 800

UNTERIRDISCHE TERMITE

Soldat

Familie:	Rhinotermitidae
Länge:	0,6-0,9 cm
Zahl der Arten:	200

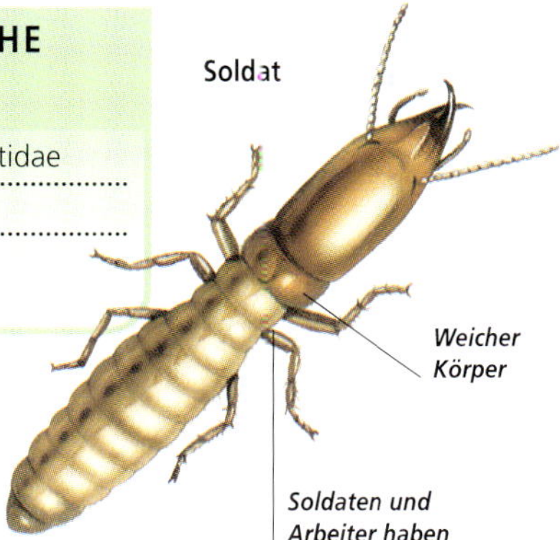

Diese Termiten bewohnen unterirdische Nester in warmen, bewaldeten Gegenden. Sie fressen Holz morscher Bäume und Wurzeln. Anders als Ameisenlarven, die von Arbeiterinnen großgezogen werden müssen, sind Termitenlarven gleich nach dem Schlüpfen selbstständig.

Weicher Körper

Soldaten und Arbeiter haben normalerweise keine Flügel, nur die wenigen Eier legenden Tiere sind geflügelt

HOLZAMEISE

Familie:	Formicidae
Länge:	0,15-2,5 cm
Zahl der Arten:	8 800

Holzameisen legen ihre Nester in Holzhäusern und morschen Bäumen an. Wie viele andere Ameisen legen auch sie auf der Suche nach Nahrung Duftspuren an. Andere Ameisen nehmen diese Duftspur mit den Fühlern wahr und folgen ihr.

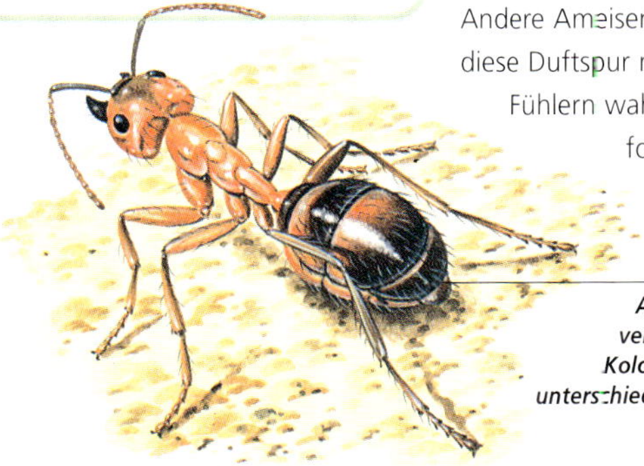

Ameisen aus verschiedenen Kolonien bilden unterschiedliche Düfte

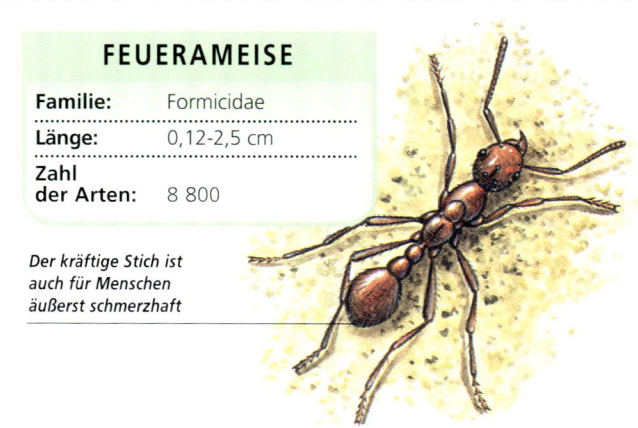

ROTE KNOTENAMEISE

Familie:	Formicidae
Länge:	0,15-2,5 cm
Zahl der Arten:	8 800

Die Ameisen streicheln die Blattläuse mit ihren Fühlern

Die Fühler von Ameisen haben in der Mitte einen ellbogenartigen Knick

Diese Ameisen ernähren sich von Honigtau, einem süßen Saft, den Blattläuse in ihrem Verdauungssystem bilden. Die Ameisen streicheln die Blattläuse und regen sie so dazu an, Honigtau auszuscheiden. Außerdem fressen sie auch Nektar.

FEUERAMEISE

Familie:	Formicidae
Länge:	0,12-2,5 cm
Zahl der Arten:	8 800

Der kräftige Stich ist auch für Menschen äußerst schmerzhaft

Die angriffslustigen Feuerameisen fressen andere Insekten, die sie zu Tode stechen. Sie beißen sich fest, bringen ihren Stachel in die Wunde und spritzen Gift ein. Sie ernähren sich auch von Samen, Früchten und Blüten. Ihr Nest bauen sie auf der Erde oder unter Stämmen und Steinen.

ERNTEAMEISE

Familie:	Formicidae
Länge:	0,15-2,5cm
Zahl der Arten:	8 800

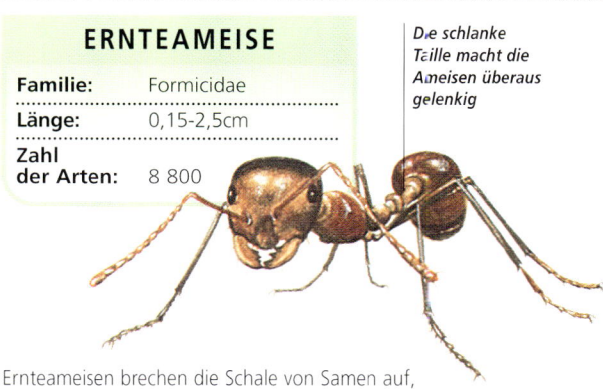

Die schlanke Taille macht die Ameisen überaus gelenkig

Ernteameisen brechen die Schale von Samen auf, kauen den Kern durch und bilden einen Brei, das so genannte Ameisenbrot, den sie dann verschlucken. In Zeiten des Überflusses sammeln sie mehr, als sie brauchen, und legen Vorräte in ihren Nestkammern an.

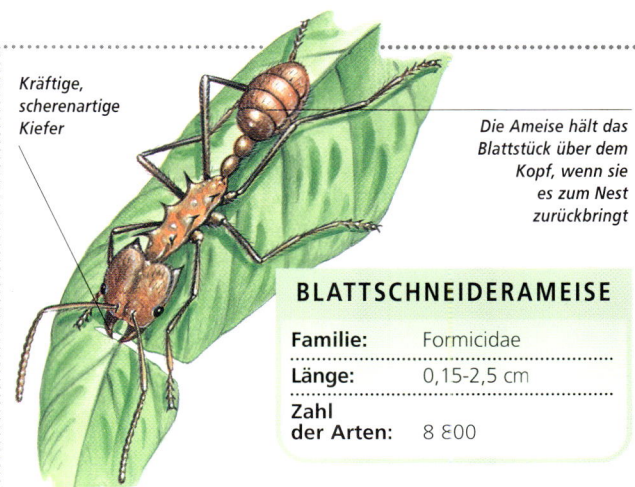

Kräftige, scherenartige Kiefer

Die Ameise hält das Blattstück über dem Kopf, wenn sie es zum Nest zurückbringt

BLATTSCHNEIDERAMEISE

Familie:	Formicidae
Länge:	0,15-2,5 cm
Zahl der Arten:	8 800

Diese Ameisen schneiden Stücke von Blättern ab und tragen sie in ihre unterirdischen Nester, wo sie die Stücke durchkauen und mit Kot versetzen, um einen besonderen Kompost zu bilden. Sie ernähren sich von den Pilzen, die in diesen »Kompostgärten« wachsen.

Spinnen und Skorpione

Spinnen sind bekannt für ihre Spinnkünste und Giftbisse. Sie sind wie Skorpione, Zecken und Milben Spinnentiere und keine Insekten.

WOLFSSPINNE

Familie:	Lycosidae
Länge:	0,3-4 cm
Zahl der Arten:	2 500

Die flinke Wolfsspinne steigt auf ihre Beute und streckt sie mit einem schnellen Biss nieder. Wolfsspinnen sehen besser als andere Spinnen. Trotzdem nehmen sie vor allem Bewegungen wahr, daher haben still sitzende Insekten eher Chancen zu überleben.

Große Augen zum Erspähen von Beute

Eine Springspinne sichert sich mit einem Seidenfaden und springt dann mit Hilfe ihrer vier Hinterbeine ab in Richtung Beute. Manche Springspinnen springen mehr als das 40-fache ihrer Körperlänge weit.

SPRINGSPINNE

Familie:	Salticidae
Länge:	0,3-1,5 cm
Zahl der Arten:	4 000

SCHWARZE WITWE

Familie:	Theridiidae
Länge:	bis 1,2 cm
Zahl der Arten:	2 500

Das Gift eines Weibchens der Schwarzen Witwe ist 15-mal so stark wie das einer Klapperschlange und kann einen Menschen töten. Zum Glück sind diese Spinnen scheu und beißen in der Regel nur, wenn man sie stört. Die Männchen beißen nicht. Es heißt, dass sie von den Weibchen nach der Paarung verspeist werden.

Die Hinterbeine der Weibchen haben kammartige Borsten, mit deren Hilfe Spinnweben über die Beute geworfen werden

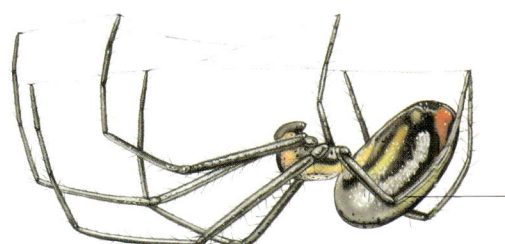

Die Spinne kann einen besonderen Duft abgeben, der Falter anlockt

OBSTSPINNE

Familie:	Araeneidae
Länge:	bis 1,2 cm
Zahl der Arten:	2 500

Anders als andere Kreuzspinnen, die Netze spinnen, verwenden diese Spinnen keine Netze zum Beutefang. Sie sitzen einfach auf einem Ast auf der Lauer und greifen nach jedem Falter, der in die Reichweite ihrer stacheligen Vorderbeine kommt.

ROTFUSS-VOGELSPINNE

Familie:	Theraphosidae
Länge:	bis 9 cm
Zahl der Arten:	300

Mit ihren Hinterbeinen kann die Spinne einem Angreifer hautreizende Haare vom Hinterleib entgegenfegen

Diese Vogelspinne jagt Echsen, Mäuse und sogar kleine Vögel. Vogelspinnen gehören mit 20 cm Beinspannweite zu den größten Spinnen. Meist verbergen sie sich tagsüber, oft in Höhlen, und jagen bei Nacht. Ihr Gift tötet die Beute, ist aber für Menschen kaum lebensgefährlich.

Klauen an der Spitze der Kiefer spritzen Gift ein

Die gelbe Farbe der Spinne hebt sich kaum vom Gelb der Blüte ab

KRABBENSPINNE

Familie:	Thomisidae
Länge:	0,15-0,9 cm
Zahl der Arten:	3 000

Diese kleinen Spinnen haben einen abgeflachten Körper und laufen seitwärts wie eine Krabbe. Statt eines Netzes nutzen sie Tarnung und starkes Gift, um Beute zu fangen. Manche sind dunkelbraun oder schwarz, aber die Arten, die auf Blüten jagen, weisen leuchtende Tarnfarben auf.

GRÜNE LUCHSSPINNE

Familie:	Oxyopidae
Länge:	0,3-1,5 cm
Zahl der Arten:	500

Lange Beine zum Springen über Blätter

Statt mit einem Netz Beute zu machen, jagt die Luchsspinne Insekten und andere Spinnen, wobei sie von Blatt zu Blatt springt. Sie sitzt auch da und wartet, durch ihre Färbung getarnt, auf Opfer – das können ihre eigenen Artgenossen sein!

SPEISPINNE

Familie:	Scytodidae
Länge:	0,9 cm
Zahl der Arten:	200

Aus Drüsen nahe am Mund spritzt diese Spinne zwei Zickzackfäden klebriger Flüssigkeit auf ihre Beute. Der Leim klebt die Beute fest, die anschließend mit einem Biss getötet wird.

GOLDENE SEIDENSPINNE

Familie:	Araeneidae
Länge:	0,15-3 cm
Zahl der Arten:	2 500

Das Männchen dieser Spinne ist nur ein Zehntel so groß wie das Weibchen und wiegt nur ein Hundertstel. Bei der Paarung kann das Männchen sich daher nähern, ohne mit einem großen Angreifer verwechselt zu werden.

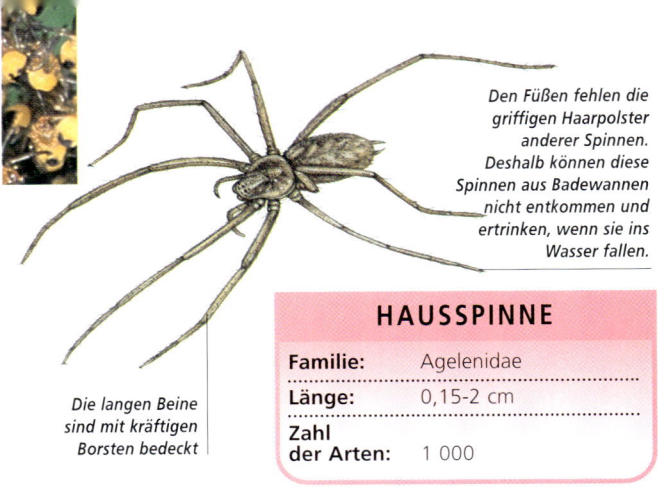

Den Füßen fehlen die griffigen Haarpolster anderer Spinnen. Deshalb können diese Spinnen aus Badewannen nicht entkommen und ertrinken, wenn sie ins Wasser fallen.

Die langen Beine sind mit kräftigen Borsten bedeckt

HAUSSPINNE

Familie:	Agelenidae
Länge:	0,15-2 cm
Zahl der Arten:	1 000

Eine Hausspinne kann jahrelang in einer stillen Ecke im Haus, in der Garage oder im Schuppen leben. Sie webt ein großes, flaches Netz und lauert darauf, dass sich Beute, etwa Ohrwürmer und Fliegen, in den klebrigen Fäden fängt. Dann holt es diese aus dem Netz und verspeist sie.

TAPEZIERSPINNE

Familie:	Atypidae
Länge:	0,9-3 cm
Zahl der Arten:	1

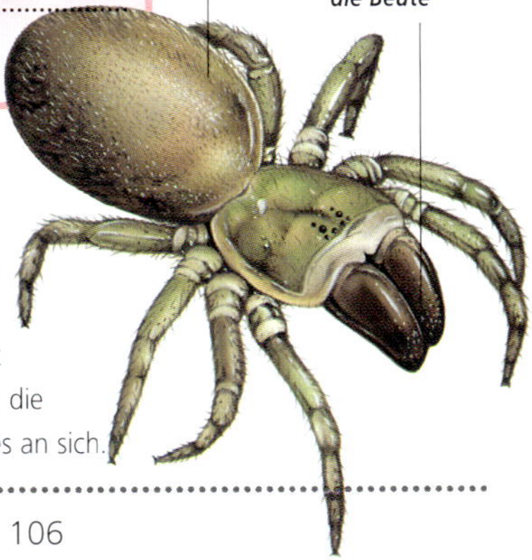

Diese Spinne ist weniger behaart als andere

Spitze Klauen bohren sich in die Beute

Die Tapezierspinne lebt in einem Seidentunnel in einer schräg geneigten Höhle. Das obere Ende liegt über der Erde, aber verborgen unter Blättern. Tritt ein Insekt darauf, packt es die Spinne durch die Tunnelwand hindurch und zieht es an sich.

WASSERSPINNE

Familie:	Agelenidae
Länge:	0,15-2 cm
Zahl der Arten:	1 000

Die »Taucherglocke« wird an Wasserpflanzen befestigt und mit Luft von der Wasseroberfläche gefüllt

Diese Spinne verbringt ihr Leben unter Wasser, wo sie in einer seidenen Taucherglocke lebt. Sie stürzt sich auf vorbeikommende Beute und schleppt sie zum Fressen in die Glocke.

RAUBSPINNE

Familie:	Pisauridae
Länge:	0,6-2,5 cm
Zahl der Arten:	400

Das Weibchen trägt seinen Eikokon bis zum Schlüpfen der Jungen mit sich herum. Sie webt ein schützendes Netz über sie und bewacht den »Kindergarten« noch am Anfang.

Die Klauen spießen den Eikokon auf, die Pedipalpen halten ihn

Die meisten Spinnen haben acht Augen, diese aber nur sechs. Tagsüber hält sie sich in einem seidenen Kokon unter einem Stein versteckt, der möglichst von der Sonne erwärmt wird. Nachts kommt sie hervor und jagt Asseln, die sie mit ihren scharfen Klauen aufspießt.

DUNKELSPINNE

Familie:	Dysderidae
Länge:	2 cm
Zahl der Arten:	1

Mächtige Klauen bohren sich durch das Außenskelett von Asseln

SKORPION

Familie:	Buthidae
Länge:	5-7 cm
Zahl der Arten:	700

Giftstachel am Schwanz-ende

Skorpione haben Augen, sehen aber nicht gut

Skorpione fangen Insekten und Spinnen mit ihren Pedipalpen, die zu langen Greifzangen umgestaltet sind. Große Skorpione fressen auch Echsen und Mäuse. Der Stachel dient vor allem der Verteidigung. Das Gift mancher Skorpione ist stark genug, um Menschen zu töten.

Die Greifzangen erinnern an Hummerscheren

WALZENSPINNE

Familie:	Eremobatidae
Länge:	1,5-4,5 cm
Zahl der Arten:	900

Die flinken Walzenspinnen sind entfernt mit Skorpionen verwandt. Sie leben in Wüsten, wo sie nachts Insekten und sogar kleine Echsen jagen. Die Beute wird mit den Pedipalpen gepackt und mit den Kieferklauen zerdrückt. Zum Laufen werden nur drei Beinpaare benutzt, das vorderste dient als Fühler.

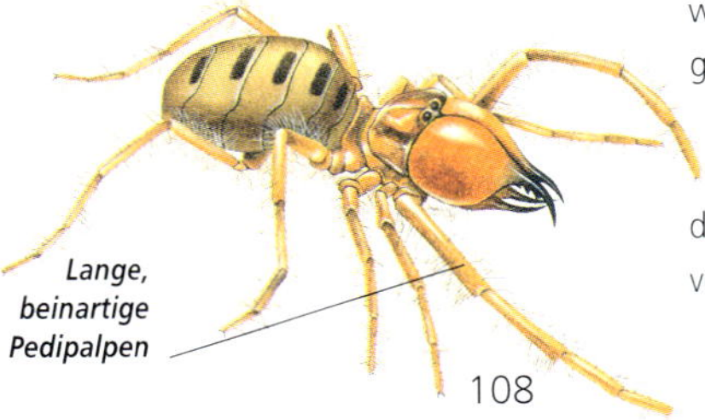

Lange, beinartige Pedipalpen

Anstelle eines überhängenden Stachels tragen Geißelskorpione eine lange, dünne Schwanzgeißel

Geißelskorpione sind keine echten Skorpione und haben keinen Stachel. Sie haben vier Beinpaare, nutzen das lange, vorderste aber als Fühler. Werden sie angegriffen, versprühen sie eine essigsaure, ätzende Flüssigkeit aus Drüsen nahe dem Hinterleibende.

GEISSELSKORPION

Familie:	Thelyphonidae
Länge:	14,5 cm
Zahl der Arten:	100

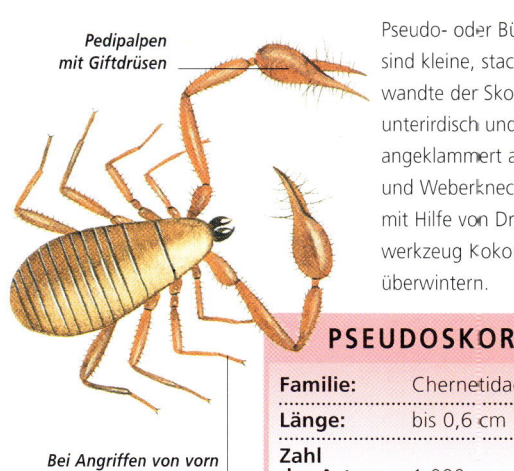

Pedipalpen mit Giftdrüsen

Bei Angriffen von vorn schnellen Pseudoskorpione zurück

Pseudo- oder Bücherskorpione sind kleine, stachellose Verwandte der Skorpione. Sie leben unterirdisch und »wandern« angeklammert an Käfern, Fliegen und Weberknechten. Sie spinnen mit Hilfe von Drüsen am Mundwerkzeug Kokons, in denen sie überwintern.

PSEUDOSKORPION

Familie:	Chernetidae
Länge:	bis 0,6 cm
Zahl der Arten:	1 000

SAMTMILBE

Familie:	Trombiculidae
Länge:	bis 0,5 cm
Zahl der Arten:	200

Samtmilben sind von einem Mantel dicker, weicher Haare bedeckt

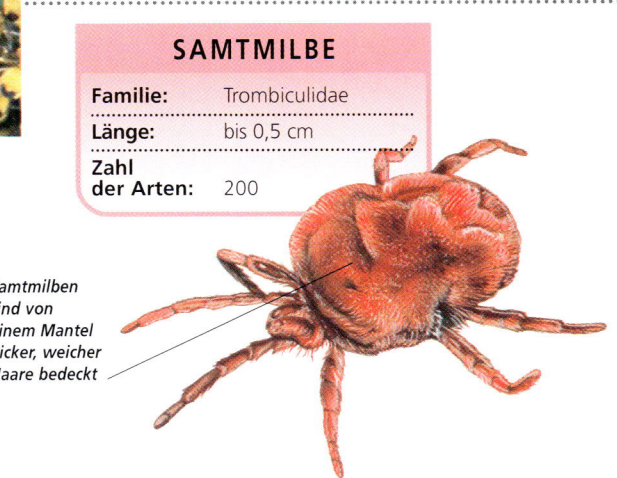

Milben sind Verwandte der Spinnen. Samtmilben ernähren sich von Insekteneiern und legen ihre Eier in die Erde. Die Erwachsenen leben frei, die Larven sind Parasiten, die sich von der Körperflüssigkeit von Spinnen ernähren.

Lange Tasthaare

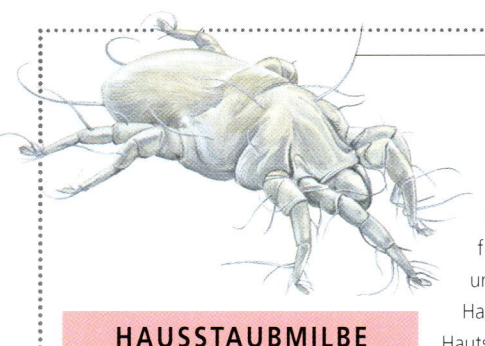

HAUSSTAUBMILBE

Familie:	Pyroglyphidae
Länge:	bis 0,5 cm
Zahl der Arten:	20

Milben sind meist flach oder abgerundet und haben Greifbeine. Hausstaubmilben fressen Hautschuppen im Hausstaub. Ihre Ausscheidungen enthalten Stoffe, die Allergien und Asthma (eine Form von Atemnot) hervorrufen können.

WEBERKNECHT

Familie:	Phalangiidae
Länge:	0,3-2 cm
Zahl der Arten:	3 400

Alle Beine sind lang, das längste ist das zweite Beinpaar

Diese spinnenartigen Tiere haben nur zwei Augen auf einem türmchenartigen Auswuchs in der Mitte des Vorderkörpers. Weberknechte sind ungiftig, können sich aber mit einem übel riechenden Stoff verteidigen, den sie aus Duftdrüsen abgeben. Die Weibchen legen ihre Eier im Boden ab, woraus erst im nächsten Frühjahr die Jungen schlüpfen.

Weberknechte spüren Beuteinsekten mit den Beinen auf

Die Zecke hält sich mit ihren kräftigen Mundwerkzeugen am Wirt fest

ZECKE, HOLZBOCK

Familie:	Ixodidae
Länge:	0,15-0,3 cm
Zahl der Arten:	650

Zecken sind Parasiten von Reptilien, Säugern und Vögeln. Sie lauern im Gebüsch, wo sie sich von vorbeikommenden Tieren abstreifen lassen. Sie durchbohren mit gesägten Kiefern die Haut ihres Wirts und saugen Blut.

Glossar

Aas: Tierleiche.

Algen: Einfache, pflanzen-
ähnliche Lebewesen.

Arbeiterinnen: Die Insekten in
einer Kolonie (einem »Insekten-
staat«), die das Nest bauen, Futter
suchen und sich um die Jungen
kümmern. Man findet sie bei
Bienen, Ameisen und Termiten
(bei den Termiten gibt es auch
männliche Arbeitstiere).

Art: Eine bestimmte Sorte Pflanze
oder Tier. Angehörige einer Art
können sich miteinander paaren
und Nachkommen zeugen, die
sich wieder fortpflanzen können.

Atemlöcher: Winzige Öffnungen
zum Luftholen im Hinterleib von
Insekten.

Augenflecken: Farbflecken am
Körper eines Insekts oder auf des-
sen Flügeln. Räuber halten diese
Flecken für Augen eines größeren
Tiers und schrecken zurück.

Außenskelett: Die harte äußere
Hülle eines Gliederfüßerkörpers.
Sie schützt Muskeln und innere
Organe.

Balz: Verhalten zum Umwerben
eines Geschlechtspartners mit
dem Ziel, sich zu paaren.

Bauchfüße: Muskulöse Stummel
am Körper einer Raupe, mit deren
Hilfe sich diese an Zweigen und
Blättern festhält.

Beute: Das Opfer eines Raubtiers.

Brust (Thorax): Der mittlere Teil
des Insektenkörpers.

Drohne: Eine männliche Biene,
die sich mit der Königin paart,
sich aber nicht an der Arbeit in
der Kolonie beteiligt.

Drüse: Ein Teil des Körpers, der
besondere Stoffe bildet, etwa
Enzyme oder Gifte, die entweder
nach außen oder ins Blut abge-
geben werden. Die Giftdrüse
eines Skorpions zum Beispiel
bildet Gift, dass der Skorpion mit
dem Stich in sein Opfer einspritzt.

Eikokon: Ein seidener Sack oder
Beutel, den ein Spinnenweibchen
als Schutz um seine Eier spinnt.

Einfache Augen: Augen mit
nur einer Linse; bei Spinnen und
manchen Insekten zu finden.

Eizahn: Ein vergänglicher Zahn,
mit dessen Hilfe die Jungspinne
die Eihülle aufsticht.

**Facettenaugen (Komplex-
augen):** Augen, die aus vielen

hundert Einzelaugen zusammengesetzt sind, von denen jedes eine eigene Linse hat.

Flügeldecken: Die harte Hülle über den Hinterflügeln eines Käfers. Sie ist aus den Vorderflügeln entstanden, die nicht mehr zum Fliegen verwendet werden.

Fossilien: Die erhaltenen Überreste vor langer Zeit gestorbener Tiere oder Pflanzen. Man findet sie in Gestein und in Bernstein (hart gewordenem Baumharz).

Fühler: Am Kopf von Insekten sitzt ein Paar Fühler, mit denen das Tier Sinneseindrücke, vor allem Gerüche und Berührungen, wahrnimmt.

Gallen: Wucherungen an Pflanzen, die von darin abgelegten Eiern bestimmter Insekten hervorgerufen werden.

Gift: Eine Flüssigkeit zum Töten oder Lähmen von Beute.

Gliederfüßer (Arthropoden): Ein wirbelloses Tier mit einem Außenskelett.

Häutung: Das Abstreifen der gesamten alten Haut, um eine darunter liegende Haut zu enthüllen.

Hinterleib (Abdomen): Der hintere Abschnitt des Insektenkörpers, der auf den Kopf und den Brustabschnitt folgt.

Insekt: Ein Gliederfüßer mit sechs Beinen und einem dreiteiligen Körper aus Kopf, Brust und Hinterleib.

Kammer: Ein Bereich im Nest von Insekten wie Ameisen und Termiten. Es gibt verschiedene Kammern, zum Beispiel zur Aufzucht der Jungen oder zum Speichern von Nahrung.

Kieferklauen: Spitze Mundwerkzeugteile, oft hohl, um Gift in die Beute zu spritzen.

Kokon: Eine seidene Hülle, die die Puppe von Insekten, etwa von Nachtfaltern, schützt.

Kolonie: Eine Gruppe von Insekten, die gemeinsam ein Nest bewohnen. Ameisen, Termiten sowie manche Bienen und Wespen leben in Kolonien.

Königin: Ein Eier legendes Weibchen in einer Kolonie von Ameisen, Bienen, Wespen oder Termiten.

Kopfbrust (Cephalothorax): Der vordere Teil des Körpers von Spinnentieren, in dem Kopf und Brust miteinander verwachsen sind.

Lähmen: Die Nerven eines Tiers

so beeinflussen, dass es sich nicht mehr bewegen kann, aber noch am Leben ist.

Larve: Eine Jugendform von Insekten, die ganz anders aussieht als die Erwachsenen. Larven häuten sich mehrmals und werden zur Puppe, aus der dann das erwachsene Tier schlüpft.

Legebohrer: Eine Röhre zur Eiablage, bei den meisten weiblichen Insekten zu finden.

Made: Ein Name für die Larve von manchen Insekten, insbesondere von Käfern, Wespen und Bienen.

Metamorphose: Die Veränderung eines jungen Insekts über mehrere Stufen hinweg zum erwachsenen Tier.

Mikroorganismen: Winzig kleine Lebewesen, die ohne Mikroskop nicht zu sehen sind. Dazu gehören Bakterien und manche Arten von Algen und Pilzen.

Mimikry: Das Nachahmen anderer Tiere durch die Benutzung ähnlicher Färbungen und Muster.

Nachschieber: Saugnapfartige Greifer am Hinterende des Körpers von Raupen.

Nektar: Zuckerhaltiger Pflanzensaft, der Blüten bestäubende Insekten anlockt.

Nymphe: Die Larve von Insekten wie Libellen und Heuschrecken. Nymphen entwickeln sich zu erwachsenen Tieren, ohne ein Puppenstadium zu durchlaufen.

Paarung: Das Zusammenkommen von Männchen und Weibchen, wobei Nachwuchs gezeugt wird.

Parasiten: Lebewesen, etwa Flöhe oder Zecken, die an oder in anderen Tieren leben und sich von ihnen ernähren.

Pedipalpen: Vorspringende Sinnesorgane bei Spinnentieren. Manche dieser Tiere benutzen Pedipalpen auch zum Ergreifen von Gegenständen wie etwa Beute.

Pestizide: Chemikalien, mit denen Landwirte Schädlinge bekämpfen.

Pheromone: Duftstoffe, die manche Tiere bilden, um Geschlechtspartner anzulocken.

Pilze: Lebewesen, weder Pflanze noch Tier. Champignons und Fliegenpilz sind bekannte Vertreter.

Pollen: Winzige Körner, die von den männlichen Teilen einer Blüte gebildet werden. Pollen müssen die weiblichen Blütenteile bestäuben, damit Samen angesetzt werden. Bienen, Wespen, Fliegen und andere Insekten tragen auf der Suche nach Nahrung Pollen von einer Blüte zur nächsten.

Puppe: Das Stadium, in dem sich eine Larve in das erwachsene Tier umwandelt.

Raubtier: Ein Tier, das andere Tiere jagt und frisst.

Raupe: Die Larve eines Schmetterlings.

Schwingkölbchen: Ein Paar kleiner, keulenartiger Gebilde bei Fliegen und Mücken, eines an jeder Seite des Körpers. Sie sind wichtig, um im Flug steuern zu können.

Seide: Von Spinnen und einigen Insekten gebildete Fäden aus einem besonderen Eiweiß.

Sinneshaare: Winzige, mit Nerven verbundene Haare, mit deren Hilfe Insekten und Spinnen Dinge fühlen können.

Spinndrüsen: Röhren am Hinterleibende einer Spinne, durch die die Seide zum Weben eines Netzes ausgepresst wird.

Spinnentiere (Arachniden): Gliederfüßer mit acht Beinen. Zu dieser Tiergruppe gehören unter anderem Spinnen, Skorpione, Milben und Zecken.

Stachel: Das spitze Körperteil eines Insekts oder Skorpions, mit dem Angreifern und Beutetieren Gift eingespritzt wird.

Steril: Erwachsene Tiere, die keine Nachkommen zeugen können.

Tarnung: Die Art der Färbung, Muster oder Form eines Tiers, dank derer es sich kaum von der Umgebung abhebt und schlecht zu sehen ist.

Territorium: Ein Gebiet, das von einem Tier beansprucht und verteidigt wird.

Tymbalorgan: Trommelartige Organe an den Beinen mancher Insekten, mit denen Locktöne zur Paarung ausgesandt werden.

Wanderung: Das Umherziehen von Tieren auf der Suche nach Nahrung oder besserem Wetter.

Wirbellose: Tiere ohne Wirbelsäule. Insekten, Spinnentiere, Würmer und Schnecken sind Wirbellose.

Wirbeltier: Ein Tier mit einer Wirbelsäule und einem Innenskelett. Fische, Amphibien, Reptilien, Vögel und Säuger sind Wirbeltiere.

Wirt: Ein Tier, an oder in dem ein Parasit lebt und frisst.

Zelle: Ein sechseckiger Raum im Nest von Bienen und Wespen, in dem Futter gespeichert wird oder Eier abgelegt werden.

Register

Museen und Schaugärten:

Sehr viele Städte haben ein Naturkunde-
museum, in dem man auch Insektensamm-
lungen anschauen kann. Hier eine kleine
Auswahl an Museen und Schaugärten mit
interessanten oder reichhaltigen Samm-
lungen von Insekten und Spinnentieren.

• Basel
Naturhistorisches Museum
Augustinergasse 2, CH-4001 Basel
Tel. (0041)-061-2 66 55 00,
Fax (0041)-061-2 66 55 46
http://www.unibas.ch/museum/nmb/index.
htm

• Bendorf-Sayn
Garten der lebenden Schmetterlinge
Im fürstlichen Schlosspark,
56170 Bendorf-Sayn
Tel. 02622-1 54 78, Fax 02622-1 54 79
loreleytal.com/tal-der-
loreley/impressionen/schmetterling.htm

• Düsseldorf
Loebbecke, Museum und Aqua-Zoo,
Insektarium
Kaiserswerther Straße 380,
40200 Düsseldorf
Tel. 0211-8 99 61 50, Fax 0211 8 99 44 93
http://www.duesseldorf.de/kultur/aquazoo/
index.html

• Frankfurt/Main
Naturmuseum Senckenberg
Senckenberganlage 25, 60325 Frankfurt/M.
Tel. 069- 75 42-0, Fax 069-74 62 38
senckenberg.uni-frankfurt.de/sm/exh.htm

• Friedrichsruh
Garten der Schmetterlinge
Am Schlossteich, 21521 Friedrichsruh
(bei Hamburg)
Tel. 04104-60 37, Fax. 04104-15 74
http://www.kr-online.de/htm/dauer/freizeit/
tierparks/c-friedr.htm

• Hamm
Maximilianpark Hamm, Schmetterlingshaus
Alter Grenzweg 2, 59071 Hamm
Tel. 02381- 982 10-0,
Fax 02381- 982 10-19
http://www.maximilianpark.de/
schmetterling.htm

(Museen und Schaugärten / Fortsetzung)

• Insel Mainau
Schmetterlingshaus und -garten
78465 Insel Mainau
Tel. 07531-30 30, Fax 07531-30 32 48
http://www.mainau.de

• Mannheim
Tropenhaus im Luisenpark
Stadtpark Mannheim GmbH,
Gartenschauweg 12, 68165 Mannheim
Tel. 0621-4 10 05-0, Fax 0621-
4 10 05-55
**http://www.mannheim.de/
tourismus/sehenswertes/stadtrundgang/
luisenpark.html**

Internetadressen:

Internetseiten werden ständig aktualisiert.
Hier einige Adressen zu Insekten:

• Portalseite mit vielen Links:
**http://www.netportal.de/
spinnen_und_insekten**

• Naturmuseum Senckenberg, u.a.
Spinnenseite mit Puzzle und Memory-Spiel:
**http://www.senckenberg.uni-
frankfurt.de/sm/arach.htm**

• Libellen:
http://www.uni-ulm.de/˜s_jmuell

• Alles über Schmetterlinge
(für Kinder und Jugendliche, mehrsprachig,
auch in Deutsch):
**http://library.thinkquest.org/C002251/
index.shtml**

• Insektenzoo im Internet:
**http://library.thinkquest.org/C003908/
vr_zoo_d/eingang.html**

● ●

Bildnachweis:

Der Autor möchte Oliver Cheeseman von CABI Bioscience, Ascot, England für seine Hilfe und
seine Anregungen beim Schreiben dieses Buchs danken.

ILLUSTRATIONEN
Robin Boutell, Richard Coombes, Joanne Cowne, Sandra Doyle, Bridget James, Anne
Jennings, Elizabeth Kay, Steve Kirk, Adrian Lascom, Alan Male, Colin Newman, Obin,
Steve Roberts, Bernard Robinson, Eric Robson, Roger Stewart, Michael Woods, Colin Woolf.

FOTOS
9 Sinclair Stammers/Science Photo Library; 11 Pascal Goetgheluck/Ardea; 14 Ken Preston-
Mafham/Premaphotos Wildlife; 14/15 Stephen Dalton/Oxford Scientific Films; 19 Claude
Nuridsany & Marie Perennon/Science Photo Library; 22 Irvine Cushing/Oxford Scientific Films;
23 Adrian Warren/Ardea; 34 Harold Taylor/Oxford Scientific Films; 35 Ken Preston-
Mafham/Premaphotos Wildlife; 37, 39 Claude Nuridsany & Marie Perennon/Science Photo
Library; 47 KG. Preston-Mafham/Premaphotos Wildlife.